Réveillez-moi!
Une enfance chez les Témoins de Jéhovah
de Jean Sébastien Lozeau
est le mille sixième ouvrage
publié chez
VLB ÉDITEUR.

VLB ÉDITEUR
Groupe Ville-Marie Littérature inc.
Une société de Québecor Média
1010, rue de La Gauchetière Est
Montréal (Québec) H2L 2N5
Tél.: 514 523-1182
Téléc.: 514 282-7530
Courriel: vml@groupevml.com

Vice-président à l'édition: Martin Balthazar

Direction littéraire: Monique H. Messier
Œuvre en couverture: Sébastien Gaudette
Maquette de la couverture: Mügluck
Photo de l'auteur: Mathieu Rivard

Catalogage avant publication de Bibliothèque et Archives
nationales du Québec et Bibliothèque et Archives Canada
Lozeau, Jean Sébastien, 1975-
Réveillez-moi!: une enfance chez les Témoins de Jéhovah
ISBN 978-2-89649-525-2
1. Lozeau, Jean Sébastien, 1975-   . 2. Ex-membres d'une secte - Québec (Province) -
Biographies. 3. Témoins de Jéhovah - Ouvrages de controverse. I. Titre.
BX8527.L69A3 2013   289.9'2092   C2013-941569-6

DISTRIBUTEUR:

LES MESSAGERIES ADP*
2315, rue de la Province
Longueuil (Québec) J4G 1G4
Tél.: 514 523-1182
Téléc.: 450 674-6237
*filiale du Groupe Sogides inc.,
filiale de Québecor Média inc.

Pour en savoir davantage sur nos publications,
visitez notre site: editionsvlb.com
Autres sites à visiter: editionshexagone.com • editionstypo.com

Dépôt légal: 3e trimestre 2013
Bibliothèque et Archives nationales du Québec, 2013
Bibliothèque et Archives Canada
© VLB ÉDITEUR, 2013
Tous droits réservés pour tous pays
ISBN 978-2-89649-525-2

VLB éditeur bénéficie du soutien de la Société de développement des entreprises
culturelles du Québec (SODEC) pour son programme d'édition.
Gouvernement du Québec – Programme de crédit d'impôt pour
l'édition de livres – Gestion SODEC.
Nous reconnaissons l'aide financière du gouvernement du Canada
par l'entremise du Fonds du livre du Canada pour nos activités d'édition.
Nous remercions le Conseil des Arts du Canada de l'aide accordée
à notre programme de publication.

Réveillez-moi!

Jean Sébastien Lozeau

Réveillez-moi!

Une enfance
chez les Témoins de Jéhovah

Préface de Julie Snyder

vlb éditeur
Une société de Québecor Média

À mon fils Théo,
par qui j'ai vu toute
la beauté du monde éclore

En vérité, les convictions sont
plus dangereuses que les mensonges.
FRIEDRICH NIETZSCHE,
Humain, trop humain.
Un livre pour les esprits libres

Pour moi, ma chère maman, la liberté
de penser et d'agir est le premier des biens.
GEORGE SAND,
Correspondance

La première raison de la servitude
volontaire, c'est l'habitude.
ÉTIENNE DE LA BOÉTIE,
Discours de la servitude volontaire

Préface

Jean Sébastien Lozeau est ce qu'on peut appeler un beau garçon.

Je le côtoie au travail, où il réalise la postproduction de certaines émissions que je produis ou anime. Au fil de brèves conversations en régie ou en salle de montage, je saisis qu'il fait également partie d'un groupe de musique. Engagé politiquement et poétiquement, Jean Sébastien incarne le trentenaire heureux, poli et cultivé. Bref, un collègue de travail apprécié, comme plusieurs autres avec qui j'ai la chance de travailler.

Or, un soir, très, très tard, après un tournage, il me remet le scénario d'un film qu'il a signé et qui s'intitule *Le Livre rouge*.

Pour moi, c'est pénible. Déjà, je trouve le titre super nul. Je vais être obligée de le lire par politesse alors que je suis débordée et, en plus, je ne connais rien au cinéma, donc je me prépare au pire…

J'arrive chez moi et, pour m'aider à m'endormir après l'adrénaline de mon tournage, je me mets à la lecture du scénario, pensant que cela ferait un bon somnifère.

J'entre alors dans la vie d'un petit garçon de cinq ans dont la mère devient Témoin de Jéhovah. Je dévore des pages très réalistes empreintes de douleur. Je suis plongée au cœur d'une fiction sur un sujet tabou. Je comprends que *Le Livre rouge,* c'est la Bible des Témoins de Jéhovah.

Je le lis d'une traite.

Le lendemain, je demande à Jean Sébastien comment il s'est documenté sur les Témoins de Jéhovah. A-t-il fait des entrevues? A-t-il engagé une documentaliste? A-t-il rencontré des ex-Témoins qui lui ont confié leurs tourments? Je suis estomaquée par l'histoire, mais aussi par le réalisme de son œuvre. Je comprends le scénario comme une fiction basée sur une recherche approfondie sur cette triste réalité.

Et Jean Sébastien me répond: «C'est mon histoire.»

Et moi, les jambes molles, la bouche ouverte comme s'il venait de m'annoncer qu'il allait devenir danseur au 281, j'encaisse le coup. Je n'en reviens pas. Je ne pensais pas que ça ressemblait à ça, un ex-cogneur aux portes du matin!

Le garçon raffiné devant moi revient de loin, de très loin, d'un endroit où jamais les enfants ne devraient être amenés. Pauvre petit, si tu fais un film, ça va prendre des années avant qu'il soit à l'écran, plusieurs intervenants vont modifier ceci ou cela. On t'a volé ton enfance, sauve-toi avec ton histoire. Fais d'abord un livre qui n'appartiendra qu'à toi et à ceux qui te liront.

Fais ce livre, Jean Sébastien, pour le petit qui revient de l'enfer.

Fais ce livre, Jean Sébastien, pour ceux qui y sont encore ou qui tentent de s'en sortir.

Fais ce livre, Jean Sébastien, pour nous donner une leçon de vie et de survie.

Fais ce livre, Jean Sébastien, pour cesser d'hésiter quand tu parles.

Fais ce livre, Jean Sébastien, pour qu'on prenne conscience.

Fais ce livre, Jean Sébastien, pour nous montrer comment ta douleur module si bien les mots.

Ce livre nous fera du bien. Et ça, personne ne nous le volera.

JULIE SNYDER

1

TIC-TAC

La page est aussi blanche en format papier que sur un écran ACL. L'horloge de Steve Jobs m'informe qu'il est 23h07 et 31 secondes. Et 32. Et 33. Et 34. Etc. Ce tic-tac m'annonce du même coup que je suis assis depuis une dizaine de minutes et que je n'ai pas écrit un seul mot. Je sais que je veux raconter mon enfance. Je ne sais seulement pas par quels « maux » commencer.

Je clique sur iPhoto. Je m'ennuie de mon fils, qui dort dans notre lit depuis plus d'une heure, blotti contre sa maman. Il rêve sûrement à des bateaux voguant sur l'océan. Les photos me font du bien. Elles représentent mes plus beaux souvenirs, ceux qui ne s'effaceront jamais de ma mémoire. Je vois mon fils heureux depuis ses premiers jours. Même que je décèle du bonheur sur les images de son échographie ! Et moi, sur les photos de ma petite enfance, mon sourire est-il forcé ? Pour le savoir, je tape «Jean Sébastien enfant» dans la barre «Rechercher». Apparaît aussitôt ma photo d'école en quatrième année. Cravaté. Chemise beige agencée.

— Voyons, c'est pas moi, ça !

Pourtant oui, c'est moi. C'était moi. Je ne porte plus de cravate ni de chemise beige. J'ai réussi ma quatrième année. Et, surtout, je ne suis pas un Témoin de Jéhovah.

Cette nuit-là, assis dans mon bureau à regarder le reflet de ce que je ne suis plus, j'ai eu envie de me parler, de parler à ce garçon qui sourit parce qu'on le lui demande. Je tiens à le spécifier, je ne suis plus cet enfant de dix ans. Bien sûr. Mais ce qui distingue cet enfant que j'étais des autres, c'est que derrière son air de photographie Sears se cache une route jonchée d'embûches, d'angoisse, de désespoir, de rêves détruits, de honte. Cette photo représente bien plus qu'un cliché scolaire. Elle me rappelle à chaque clignement d'yeux combien ce garçon a marqué les étapes de ma vie, combien il m'a empêché d'agir, combien il a ébranlé ma ligne de vie. Ostie que je le regarde et que j'ai envie de lui dire de s'enfuir, de courir encore plus vite qu'il ne savait le faire lors des olympiades scolaires de fin d'année.

J'ai des sueurs. Dans ma tête surgissent des épisodes de ma jeunesse. Dans ma tête explosent mes pensées. J'ai besoin de me raconter MA vie, de te raconter TA vie, de te raconter l'enfant que j'ai été. À toi. Pour que rien ne soit tu. Pour réussir à tuer le «Tu» du «Je» que je suis devenu.

Tic-tac. Tic-tac. Tic-tac. Je viens de trouver comment commencer.

Dans mon livre, tout est authentique.
Les noms. Les lieux. Les dates.
Les personnes. Les émotions.
C'est MON histoire vraie.
C'est TON histoire vraie…

2

Toc ! Toc ! Toc !

Toc! Toc! Toc! Ce jour-là, pour la première fois, tu l'avais entendu. Habituellement, quand des gens, des parents et des amis cognaient chez toi, tu ne levais même pas la tête, préférant t'amuser avec tes petites autos Hot Wheels. De même pour tes parents : leurs continuelles disputes enterraient les coups donnés à votre porte d'entrée. Cela explique pourquoi il n'y avait jamais foule dans le trois et demie de la rue Desmarteau. Aux yeux des voisins du duplex, vous passiez pour des personnes insociables, qui ne voulaient pas de visite. Et aussi pour des originaux, à cause des cheveux de ton père, aussi longs que ceux de ta mère. Certains s'amusaient en disant : «Une chance qu'il porte une barbe ; au moins, on sait c'est qui l'gars.»

Toc! Toc! Toc! Ce jour-là, la dispute s'est arrêtée quand ton père a traité ta mère de pute. Il n'y avait pourtant pas femme plus discrète, sobre et fidèle qu'elle. Ton père avait du vocabulaire, mais il ne savait pas l'employer. Quand il la mitraillait d'insultes, ta mère avait droit aux pires mots du *Robert*. La guerre se jouait à sens unique, sans répliques maternelles. Le caractère de celle qui t'a mis au monde ne lui permettait pas de se défendre. Chez elle, tout sortait en larmes. En silence donc, elle pleurait. Toi qui assistais à toutes ces mises en scène, tu aurais souhaité une riposte. Même à cinq ans, tu devinais une caverneuse souffrance chez elle. Un rituel s'était installé. Pendant ses pleurs, tu la rejoignais sous sa chaise berçante et tu faisais rouler tes petites autos entre ses pieds. Pendant ce temps, ton père quittait l'appartement. Il revenait quelques heures plus tard pour s'excuser en pleurant.

Toc! Toc! Toc! Un matin pas comme les autres, le rituel a été brisé. Comme si ta mère vivait un éveil durant quelques secondes. Plutôt que de fuir la réalité, elle a essuyé ses larmes, s'est levée et s'est dirigée vers la porte. Sa soudaine hardiesse t'a surpris autant qu'elle a surpris ton père. Vos yeux l'ont observée comme on regarde les sprinteurs au fil d'arrivée du cent mètres des Jeux olympiques. Sans même jeter un œil par le judas, elle a ouvert la porte.

— Bonjour, madame, on visitait votre quartier ce matin pour demander aux gens s'ils souhaitaient vivre éternellement…

Bang! Une révélation. Une question où se retrouvaient toutes les angoisses de son existence. Ta mère venait de trouver sa voie. Et la tienne.

3

1980

Ma mère avait choisi l'année du référendum originel pour laver ses péchés. Je me souviens des affiches «Oui» et «Non» qui ornaient les maisons comme les lumières de Noël en décembre. Mon père était un indépendantiste pur et dur à l'époque. J'aurais aimé qu'un militant souverainiste cogne à notre porte ce matin-là au lieu d'un Témoin de Jéhovah. Qu'aurait été mon destin si ç'avait été mon père plutôt que ma mère qui avait vécu un éveil jéhovien?

Je me souviens qu'elle cherchait des réponses. Pourquoi sommes-nous sur terre? Pourquoi mourons-nous? Pourquoi la souffrance? Pourquoi? J'ai toujours pensé qu'elle ne se connaissait pas, ma mère. Son entêtement était sans bornes. Il attint ses limites quand Dieu apparut réincarné dans ces deux Frères à cravate. Pourtant, aujourd'hui, ses croyances ne comprennent pas la réincarnation...

Ma théorie sur les Témoins ne tient pas du divin. Ce n'est pas le paradis, Jésus, la Bible ou Noé qui touchent les incroyants. Ce pourrait être un livreur de meubles, un vendeur de coke, un scout vendeur de chocolat qui se présente à la porte. Finalement, l'important, c'est de frapper au bon moment, d'arriver quand une ligne de vie frôle les abysses, d'offrir une issue à celui qui ne voit que du noir, qui n'attend que vous. C'est cela le bon moment, la sortie de secours. Certains se droguent physiquement. Ma mère a choisi de geler son esprit. Ces deux Témoins lui ont fourni des réponses. Bonnes? Mauvaises? Peu importe. Des réponses, point. Un baume sur son mal-être infini.

Aujourd'hui encore, elle tient cette béquille plus fort que n'importe quoi. Toutes ses réflexions, toutes ses idées, toutes ses pensées sont filtrées par sa foi en Jéhovah. Elle ne réfléchit pas par elle-même. Ma mère est un robot. Toute son existence est liée à ses illusions religieuses. En 1980, le Québec était sorti depuis un moment déjà de sa Grande Noirceur et se donnait l'occasion de s'épanouir. Ma mère voyait cela autrement. Un penchant pour les années duplessistes, maman? Et tu fais quoi du *Refus global*?

Une question m'angoisse depuis longtemps. Pourquoi m'avoir entraîné avec toi, maman? Pourquoi?

4

Bénie soit-elle !

Personne ne pouvait se douter que, de votre modeste cuisine de Tétreaultville, tu assistais en direct à la conversion de ta mère. Les deux mêmes Frères plantés aux extrémités de la table citaient à tour de rôle des extraits de la Bible :

— Écoutez ce que mentionne Révélation 21, verset 4 : *Et il essuiera toute larme de leurs yeux, et la mort ne sera plus ; ni deuil, ni cri, ni douleur ne seront plus. Les choses anciennes ont disparu…*

Ta mère, assise entre eux, acquiesçait, acceptait. Chaque verset biffait un à un ses malheurs. Enfin, elle s'armait contre les prochaines invectives de ton père. À deux pieds de la table, tu faisais rouler tes Hot Wheels entre les pattes de la chaise berçante. Les pieds de ta mère avaient changé de place. Les choses anciennes avaient disparu.

«Paradis», «prédication», «Harmaguédon», «Satan», «système de choses». Tous des mots que tu entendais malgré toi. Tu ne saisissais pas leur sens, mais ta mère semblait les apprécier. Inconfortable devant tant de nouveautés, tu t'es rapproché discrètement de ta mère. Vroum! Vroum! Vroum! Un des deux Témoins a attrapé ta Trans Am noire 1979, celle qui arborait un grand aigle sur son capot, et te l'a échangée contre un exemplaire du *Recueil d'histoires bibliques*. Malgré sa couverture orange et ses lettres rouges – stratégies élémentaires du commerce 101 –, tu as sans hésiter préféré reprendre ton bien. Ta mère les a aussitôt remerciés. En lui serrant la main, un des deux Témoins l'a invitée à la Salle du Royaume.

— Venez avec votre fils!

Pour toi, tout cela n'annonçait rien de sain.

La porte venait tout juste de se refermer quand ta mère a commencé à te débiter maladroitement les enseignements qu'elle venait de recevoir. Tu ne la reconnaissais plus. Tu la trouvais illuminée, elle qui n'exposait normalement que ses aspects les plus ternes. Ton père l'avait habituée à ne pas montrer autre chose.

La boule qui alourdissait ton estomac prenait de l'expansion. Les disputes de tes parents te faisaient peur et t'insécurisaient, mais au moins tu vivais en terrain connu. Là, tes repères avaient disparu. Les choses anciennes avaient disparu.

5

32e Avenue

Chaque être vivant naît libre. Libre d'esprit. Libre de penser.

Penser, c'est plus qu'un droit. C'est un droit inné. C'est plus précieux qu'une pierre précieuse. N'importe où sur la planète, les humains pensent. La pensée, la réflexion, ce sont des vitamines gratuites. Même du plus profond d'une cellule de prison, l'homme et la femme peuvent le faire. Penser offre l'ultime liberté.

Ma mère ne voulait pas être libre. Elle ne le veut pas plus aujourd'hui. Elle ne l'a pas voulu pour moi aussi et m'a forcé la main pour que je marche dans ses pas. Son endoctrinement a eu raison de sa raison.

Ma première visite à la Salle du Royaume, je l'ai encore bien en tête. Je crois qu'elle est inscrite à la vie à la mort dans mon disque dur interne. Ma mère m'avait noué au cou la cravate de mariage de mon père. Avec une chemise et une paire de pantalons dépareillés, j'ai attiré tous les regards des usagers de la STCUM. Pour une fois, j'étais le point de mire des curieux ; les cheveux longs de mon père et de ma mère passaient en deuxième. Le 187, l'autobus qui avait pour mission de nous transporter à la Salle du Royaume, était rempli de toutes sortes de gens. Des vieux, des solitaires, des handicapés, des personnes infréquentables. Tous avaient au moins un point en commun qui nous rendait différents d'eux : ils étaient libres de penser. Je me sentais comme un juif dans un wagon en route pour Auschwitz. Ma cravate signifiait que nous n'étions pas des leurs. Pour la première fois, je versai une larme pour une autre raison que la guerre familiale.

Il m'arrive de refaire le trajet en auto. Je roule sur la rue Notre-Dame vers Pointe-aux-Trembles jusqu'à l'inoubliable 32e Avenue. Je tourne à gauche. (Jéhovah avait bien fait de s'installer à gauche, car à droite c'est le fleuve.) Puis, à quelques mètres se trouve la Salle du Royaume. Un édifice de briques brunes. Rien de flamboyant. Rien pour faire rêver un enfant. Aujourd'hui s'y trouvent probablement d'autres enfants qui ne rêvent pas. La Salle du Royaume est devenue l'église la Lumière du monde.

Jamais je n'oublierai la 32e Avenue.

6

Noces de cuivre

Ta mère avait vu ton père dans un autobus. Sa crinière chevaline avait attiré son regard et attisé ses pulsions animales. Indépendant comme un siamois devant une chatte de ruelle, ton père ignorait l'existence de ta mère. Ils n'ont fait connaissance que plus tard par le biais d'une amie commune. Coup de foudre pour ta mère, bon coup pour ton père. Méchant coup pour toi.

On te garde? On ne te garde pas? Qui aura ta garde? Ton père voulait jouer au jeu du papa et de la maman sans en subir les conséquences. Ta mère n'avait pas prévu d'avoir d'enfant, mais elle ne pouvait sacrifier cette petite vie qui grandissait en elle. Tu as échappé à Morgentaler, mais pas au mariage. Tu avais le meilleur siège de la cérémonie. Du ventre de ta mère, tu as ressenti ses multiples émotions, souvent contradictoires. Quand elle l'a prononcé, le fameux «Oui, je le veux» était adressé plus à toi qu'à ton père. C'était rassurant, mais surtout déstabilisant. Te savoir non désiré t'a laissé des stigmates affectifs. Même à l'abri des entrailles de ta mère.

Il aura fallu cinq ans de calvaire et de tortures mentales pour que tes parents détruisent ce qui restait de leur amour de jeunesse. C'était à la fin de l'année 1980. Les deux Témoins à cravate ont cogné à votre porte au même moment. Était-ce un signe de Dieu? Cette année-là, ta mère a choisi comme mari Jéhovah. En 2012, elle a célébré ses noces de cuivre. Trente-deux ans de vie vouée à lui. Une éternité.

Le divorce de ton père et de ta mère te marquera pour toujours, mais leur union t'a marqué encore plus, tu peux me croire.

Ton père n'aurait pas dû rencontrer ta mère. Le cœur de ta mère n'aurait pas dû battre pour lui. Mais il est faux de conclure en disant que tu n'aurais pas dû naître. L'important est que tu me lises. L'important est que je t'écrive.

7

Sainte-Justine

C'est dans cet hôpital que j'ai vu le jour. Et si j'étais né à Maisonneuve, à Saint-Luc ou même à Pierre-Boucher, ma mère aurait-elle ouvert la porte à deux Témoins à cravate ce fameux matin pas comme les autres ?

Je me suis longtemps imaginé une vie qui n'était pas la mienne. Je me suis créé un monde parallèle. Une histoire. Un peu comme dans un livre dont vous êtes le héros. Au début, cette stratégie était bien sûr involontaire. Un moyen de défense. Un bouclier psychologique. L'instinct de survie. Survivre, pour moi, c'est être comme ce lionceau vu dans un documentaire animalier. Il est sérieusement blessé à une patte arrière. Sa famille, trop préoccupée par son estomac et son confort, l'abandonne. Mais lui, il est tenace. Il marche à trois pattes. Enfant, j'ai été interpellé par ce lionceau. Parce qu'il a eu le goût de vivre. Parce qu'il a trouvé la force de vivre. Je me suis reconnu en lui.

À force de m'inventer une vie, j'ai fini par y croire. Ce n'était plus un mécanisme d'auto-défense inconscient, mais plutôt le fruit de manœuvres réfléchies. Je me suis éloigné du réel, du monde tangible. Au fond, je crois que j'imitais ma mère. Dans son univers religieux, elle s'est tracé un chemin de vie avec un Crayola lavable à l'eau. Moi, j'ai dessiné le mien avec mon imagination.

Mon monde parallèle n'existait pas. Ma carrière de hockeyeur professionnel n'existait pas. Ma popularité n'existait pas. Je buvais mes propres mensonges comme s'ils étaient une potion magique. Mais, à force d'absorber du vide, mon esprit manqua d'ingrédients nutritifs.

Parce que ma mère était Témoin de Jéhovah, parce qu'elle m'a forcé à l'être aussi, j'ai fui ma réalité. J'ai joué le jeu pour plaire à ma mère. Pour me détacher de ses croyances qui souillaient mon destin et pour oublier qu'aux yeux de tous j'étais un Témoin comme elle, je me suis créé un personnage fictif. Je me suis menti.

J'ai eu besoin de renaître. Une question de vie ou de mort. Pas à l'hôpital Sainte-Justine, mais dans ma tête.

8

L'abonné absent

Sur la table de pique-nique de la cour de la rue Desmarteau sont installés des petits chapeaux de fête, un service de vaisselle en plastique, des bouteilles en verre de 7up et de Coke et un pot de jus de raisin Welch's que ta mère venait de préparer. Il y a aussi quelques sacs de Yum Yum pas encore ouverts. Tu joues au baseball avec ton père et quelques amis du quartier. Mamie, papi, grand-mère, grand-père, Sylvie, Daniel et probablement d'autres membres de ta famille discutent ensemble. Tout va bien. Tu te sens bien. Les gens que tu aimes s'aiment.

— C'est à ton tour de te laisser parler d'amour!

Ils ont cessé de chanter. Puis ta mère a déposé le gâteau devant toi. Une grosse tête de Batman. La même qui est sérigraphiée sur ton nouveau sac d'école. Un souffle et les chandelles se sont éteintes. Juste du chocolat. Juste pour toi. Tu as avalé deux gros morceaux.

— Les cadeaux, les cadeaux, les cadeaux!

Ta mamie aimait annoncer ce moment. Tu as seulement eu le temps de cligner des yeux avant que l'on dépose devant toi une montagne de cadeaux. Juste des cadeaux. Juste pour toi. Tu t'interrogeais sur le contenu de tous ces emballages. Un bâton de hockey? Des nouvelles Hot Wheels? Une bicyclette? Tu te rappelais qu'au Noël précédent, tu avais reçu une piste de course, un jeu de hockey sur table et de l'argent à déposer dans ton compte à la Caisse populaire Saint-Victor. Puis tu t'es retrouvé dans le grand lit de grand-mère et de grand-père, étendu sur les manteaux avec ta cousine Jacinthe. L'odeur des parfums de matante se mélangeait à celle des boîtes Au Coq que le livreur venait tout juste de déposer au sous-sol. Ton grand-père était généreux. Chaque Noël, il commandait des «choix du chef» pour toute la famille. Dans un parfait état de bien-être, tu as senti le pied de ta cousine se coller sur le tien.

— Allez, ouvre-le!

Quand tu as déballé ton nouveau garage Fisher-Price, tu ne te doutais pas que c'était le dernier cadeau que tu recevrais. Pas le dernier cadeau de ta fête. Le dernier cadeau de ta vie. Tu y penses souvent. Ces souvenirs trottent dans ta tête tous les 15 juillet et tous les 24 décembre.

C'est à cinq ans que tu as fêté ton anniversaire pour la dernière fois.

9

Histoires de peur

J'étais jeune, je le sais, mais je sais aussi que malgré mon impuissance et ma solitude vivait en moi un esprit alerte qui me permettait d'identifier les messages subliminaux éparpillés çà et là dans les diverses publications des Témoins de Jéhovah que j'étais forcé d'étudier. J'avais vite compris que les maîtres penseurs de la Watchtower aimaient toucher certaines cordes sensibles, probablement inspirés par les trente-six cordes du publiciste Jacques Bouchard. Les Témoins tirent constamment les mêmes quatre ou cinq ficelles, qu'ils exploitent à bon escient pour effrayer et déstabiliser les âmes égarées afin de mieux les attirer dans la bergerie. Je le sais, j'ai été le témoin privilégié de l'envoûtement de ma mère.

Quelque part dans ma bibliothèque traîne un exemplaire de *Vous pouvez vivre éternellement sur une terre qui deviendra un paradis*, plus connu comme étant *Le livre rouge*. J'ai dû parcourir ce manuel d'études bibliques personnelles pendant très longtemps. Trop longtemps.

Pour alléger le supplice, je m'amusais à surligner ses phrases au marqueur jaune, de manière aléatoire, de page en page. C'était ma révolte mise en relief.

Après avoir cherché ce mauvais souvenir enfoui quelque part dans ma bibliothèque entre Koltès, Houellebecq et Neruda, je me suis amusé à le feuilleter à nouveau. À peine quelques pages et je redécouvre le montage de photos de scènes d'épouvante, qui comprennent un masque à gaz, un char d'assaut, un militaire chinois, un homme gravement malade à l'hôpital, un enfant au ventre creux couché sur le sol, un voleur pointant un couteau vers un homme cravaté. Rien de rassurant, et ce l'était encore moins quand j'étais enfant. Je me rappelle que mon premier contact avec ce livre et ses images m'avait donné la frousse. Un sentiment de crainte s'était lentement immiscé en moi, puis s'y était installé.

Dans le même ouvrage, une photo montre un homme et une femme le sourire accroché aux lèvres ; elle porte un oiseau bleu sur sa main, deux chevreuils les regardent, la verdure est luxuriante et au milieu de ce paysage enchanteur coule une chute d'eau bleu tropical. C'est le paradis, où règne l'harmonie entre toutes les espèces vivantes. Il y a même un jeune garçon qui caresse un lion comme si c'était un animal de compagnie. Enfant, je l'avoue, je m'imaginais à sa place. Comme j'ai toujours aimé les animaux, jouer avec le roi de la jungle représentait pour moi un rêve absolu. C'était une de mes cordes sensibles. Ces illustrations devenaient un baume apaisant sur une plaie douloureuse.

Tout cela, ce n'est que du vide, mais c'est un vide alléchant. Tout est pensé, calculé.

Je tourne encore les pages pour tomber sur le personnage clé de ces histoires de peur : Satan. Le diable est une carte toujours pertinente à jouer pour faire réfléchir une âme perdue ou l'enfant d'une mère en quête du bonheur absolu. Pour appuyer des versets bibliques à saveur apocalyptique, le *Livre* utilise des images saisissantes de Satan et de ses compagnons diaboliques.

Étant à la source du péché d'Adam et d'Ève, Satan se trouve partout où il y a le mal, peu importe la forme qu'il prend, du serpent au méchant garnement. Sans croire à ces histoires manichéennes, je craignais la présence du diable. Où se cachait-il ? Qui le personnifiait ? Je me suis déjà imaginé qu'il s'incarnait en ma mère pour me punir de ne pas suivre ses enseignements et adhérer à sa foi et à ses croyances. J'avais alors vite besoin d'une image de paradis pour me calmer.

Maintenant, j'ai besoin de raconter d'autres histoires de peur.

10

Salle du Royaume

Une dizaine d'hommes et de femmes discutaient sur le balcon de l'entrée. Dans le stationnement couraient et chahutaient des enfants. Ils étaient tous plus vieux que toi. Leur cycle «lavage de cerveau» était en cours. Quand tu es descendu du 187, tu les discernais du coin de l'œil. Tu marchais derrière ta mère pour te cacher, près d'elle sans être dans sa bulle. Tu as même desserré le nœud de la cravate de ton père – curieusement, c'est ta mère qui avait gardé sa seule cravate, celle du mariage. Puis, un des deux Témoins qui avaient cogné à votre porte s'est présenté, tout sourire.

— Allô! Bienvenue à la Salle! Entrez, vous êtes ici chez vous.

Chez vous? Chez vous, tu ne revêtais pas un habit de mariage et tu ne lisais pas la Bible. Chez vous, les enfants jouaient au hockey dans la rue. Chez vous, personne ne récitait des prières et des cantiques. Chez vous, aucun homme en cravate ne prononçait de discours derrière un lutrin. Chez vous, pas d'écriteau biblique comme : *Pour qu'on sache que toi, dont le nom est Jéhovah, tu es, toi seul, le Très-Haut sur toute la terre.*

Ta mère et toi étiez assis au milieu de la rangée, côté cour. Une musique d'ascenseur – rien d'original – a déclenché le lever de tous les Témoins présents dans ce lieu du culte. Ta mère s'est aussi mise debout et t'a forcé à faire de même. Tous chantaient en chœur. La voisine de gauche a tendu son livre des cantiques à ta mère afin qu'elle puisse louanger le Créateur. Tu a été le seul à préférer te taire. Le mélange des voix ne présentait pas l'harmonie des Chœurs de l'Armée rouge. Ta mère n'a pas remarqué ton silence, trop occupée à suivre le rythme de l'hymne qu'elle apprenait à l'instant. Ces deux minutes de supplice ont été suivies d'une prière prononcée par le Frère planté sur l'estrade.

— Merci, Jéhovah, de nous permettre de suivre tes enseignements et de les comprendre pour pouvoir les mettre en pratique dans nos vies. Merci, Jéhovah, de nous offrir ta saine nourriture et de nous guider dans ce monde qui prendra fin bientôt. Merci, Jéhovah, de bien veiller sur nous. Amen.

La foule à l'unisson :

— Amen.

Puis il y a eu le «Amen» de ta mère. Sa voix a résonné dans la Salle. Tu a été gagné par la gêne et t'es rassis avant tout le monde. Le même Frère qui avait prononcé la prière a entamé alors un discours. Ta mère a attrapé un calepin et pris des notes. Pour te calmer et pour fuir cette atmosphère pesante, tu as sorti de ta poche ta petite Trans Am noire 1979, celle avec un aigle sur le capot. Tu l'as fait rouler sur tes cuisses. Alerte, ta mère l'a confisquée et t'as remis dans les mains avec autorité le *Recueil d'histoires bibliques*.

— Arrête de jouer, on n'est pas chez nous ici, on est à la Salle du Royaume !

11

Caméléon

Je crois qu'il y a des secrets bien plus grands que le mystère de la Caramilk. Je cherche encore ce qui a poussé mon père à tenter sa chance avec les Témoins. Il se sentait certainement dépourvu, comme le naufragé et skipper du *Vendée Globe* Jean Le Cam avant qu'il soit sauvé des eaux du Pacifique. Mais était-il amoureux de ma mère? Je ne le saurai jamais.

Pendant quelques mois, j'ai fréquenté la Salle du Royaume de la 32e Avenue avec ma mère, et celle de la rue Du Quesne avec mon père. Comme le chante si bien mon groupe favori, Loco Locass, j'étais «mêlé mêlé». Et je n'avais pourtant rien consommé.

Pendant quelques mois, je me suis demandé si j'allais moi aussi m'agripper à la bouée de ma mère, qui devenait tranquillement celle de mon père. Comme personne autour de moi ne semblait voir cela comme une malédiction, je n'entrevoyais rien d'autre qu'une vie qui ne me ressemblait pas. Heureux de revoir mes parents renouer peu à peu et, pour une fois, dans une harmonie qui n'avait jamais existé auparavant. Malheureux d'admettre qu'ils le faisaient sous l'influence chrétienne et sans penser à moi. Ils m'ont créé sans le vouloir. De la même façon, ils paraissaient m'écarter, me supprimer.

Pendant quelques mois, j'ai vu qu'il était possible de vivre sans être soi-même. Comme le caméléon. Changer d'apparence selon la situation. Ma mère faisait comme si mon père ne l'avait jamais fait souffrir. Mon père faisait comme s'il n'était pas athée. Je pouvais faire comme si j'étais un Témoin. J'ai joué le jeu. J'ai appris. Des cours gratuits d'autodéfense. Ma mère, qui se disait être dans la vérité, se mentait. Mon père se mentait aussi. Je me mentais. Nous vivions tous dans le mensonge, trop apeurés de savoir à qui ressemblait notre reflet dans le miroir. Le mensonge n'est pas un enseignement biblique, même si c'est le fondement des religions. Soyons autre chose que ce que nous sommes réellement et devenons ce que Dieu, peu importe lequel, nous demande d'être.

Pendant quelques mois, j'ai apprivoisé le mécanisme de la double vie.

Pendant quelques mois, j'ai failli perdre mon identité, sûrement pour toujours.

Pendant des années, j'ai été un caméléon.

12

Apprentissage
et faits

Ça fait maintenant un peu plus de huit mois que ta mère étudie la Bible avec les Témoins de Jéhovah. Ça fait presque autant de temps que ta mère est divorcée de ton père. Tu visites ce dernier presque chaque fin de semaine. Tu fréquentes les Témoins trois ou quatre fois par semaine. Tu ne t'en aperçois pas vraiment, mais tu assimiles les dogmes jéhoviens. Tu es dans l'obligation de les avaler comme une oie que l'on gave. Ta mère ne t'offre pas d'autre choix. Une pomme rouge ou jaune ? Un chandail bleu ou vert ? Une casquette ou pas de casquette ? Croire en Dieu ou ne pas croire en Dieu ? Ta mère choisit pour toi. La nourriture, les vêtements, ça va ; la nourriture de l'esprit, ça ne va pas.

Tu es tellement plongé dans ce nouvel univers que tu as de la difficulté, du haut de tes six ans, à distinguer le réel de l'irréel. Les escapades chez ton père te font voir l'autre côté de la médaille. Elles sont ton seul contact avec la vraie vie, dans tous les sens du terme. Autant tu as du plaisir quand il t'emmène dans les arénas de la ville pour assister à des joutes de la défunte Ligue collégiale AAA ou de la LHJMQ, autant tu le crains quand il reprend ses airs d'«enragé».

Une lourde boule s'installe alors dans ton ventre. Tu crois réentendre ta mère pleurer. Tu perds tous tes moyens, la parole et la faculté de penser. Tu te demandes pourquoi tu existes. Tu as besoin de stabilité, de t'ancrer dans quelque chose de solide. Tu as besoin de trouver ton chemin, de construire ta route. Tu te rends compte que ton nid familial est vraiment bâti de paille.

Les amis de ta rue avec qui tu joues au hockey, au baseball, à la cachette, à la tag sont de moins en moins présents. En fait, c'est toi qui les vois de moins en moins. Ton statut d'enfant unique fait de toi un solitaire. Tu vivais bien avec cela avant ce matin pas comme les autres parce que les amis de ta rue comblaient tes moments de solitude. Depuis, ton emploi du temps te permet rarement de jouer avec eux. Et quand ils te voient sortir de chez toi, cravaté et un *Réveillez-vous!* à la main, ils te trouvent différent d'eux. Ils ont bien raison. Ta mère désire que les jeunes de la congrégation les remplacent. Mais tu ne l'entends pas ainsi. Tu ne te sens pas un des leurs. Ils ont déjà vendu leur âme à Jéhovah. Tu te considères comme le mouton noir parmi les brebis.

Le seul endroit où te réfugier est dans ta tête. Personne d'autre que toi ne peut réellement y entrer. Les enseignements de ta mère n'y vivent jamais longtemps. Chaque jour, tu découvres les innombrables possibilités qu'offre ta machine à imaginer. Foucault disait que «le désespoir est un manque d'imagination». Tu as compris le sens de cette formule bien avant de la lire. Tu as fait un choix contraire à celui de ta mère, elle qui démontre un manque d'imagination flagrant en se définissant comme Témoin de Jéhovah.

La religion, peu importe laquelle, provient de l'imaginaire de quelqu'un qui crée un monde pour que d'autres y adhèrent. Elle imagine pour eux. À six ans, cela, tu le saisis parfaitement.

13

Propagande

Je m'intéresse depuis longtemps au phéno-
mène publicitaire, à la façon dont la publicité
incite les gens à consommer des produits
dont ils n'ont souvent aucun besoin. Mes
études en communication et, plus particuliè-
rement, le cours de médias de masse m'ont
enseigné en long et en large le fonctionne-
ment de la publicité. *99 francs* de Beigbeder
exprime pleinement ce que je pense.

Au sommet de ce monde de «rêve» trône la
propagande. Le fait de répéter et de répéter sans
cesse provoque une réaction: celle que le vendeur veut susciter. Rien de nouveau sous le
soleil. Les stratégies anciennes qui ont connu
du succès peuvent en connaître encore aujour-
d'hui. La propagande se sert à toutes les sauces
et de diverses façons. Si elle a été complice
des intérêts du personnage diabolique que
campait Hitler, par exemple, elle peut aussi être

utile à quiconque se prend pour Dieu. Les Témoins de Jéhovah ont assimilé ce principe assez vite. Depuis la fondation de la société Watchtower par Charles Russell jusqu'à aujourd'hui, la propagande leur a permis de diffuser avec succès leur doctrine.

En exploitant la faiblesse des gens et en répétant sans cesse les mêmes préceptes sur de multiples plates-formes, la classe dirigeante s'assure l'écoute inconditionnelle de ses fidèles. Je le sais, j'ai été assis si souvent dans la Salle du Royaume. Jamais je n'ai vu un Frère ou une Sœur interroger ou remettre en cause les croyances. George Orwell avait vu juste avec son *1984* alors qu'il mettait en scène l'extinction de la liberté d'expression. Pensez-y, Big Brother est l'égal de Dieu.

Par exemple, depuis la fin des années 1800 on annonce la fin du monde et l'instauration du paradis terrestre. D'abord prévue pour 1914, ensuite pour 1925, 1975, 1980. Et ça continue. La loto-Harmaguédon.

Les deux revues phares du regroupement affichent régulièrement des titres du genre *Pouvez-vous avoir confiance en la Bible? Vivre éternellement, c'est pour bientôt! Qui héritera de la terre? Connaissez-vous Dieu par son nom? Bientôt, la fin des problèmes de l'humanité!*, etc.

La propagande se manifeste aussi dans la gestion de l'emploi du temps. Je me souviens de l'horaire hebdomadaire que ma mère et moi subissions. C'était l'horaire type d'un Témoin. Trois réunions à la Salle, une période d'étude personnelle, la lecture obligatoire du texte du jour et la présence à la prédication au minimum le samedi. Sans compter des assemblées annuelles et des activités diverses entre Témoins. La recette parfaite pour avoir constamment de l'emprise sur votre esprit. Et, pour moi, il fallait ajouter l'école, les devoirs et les leçons; j'étais plus occupé que le gérant du Provigo. Ah non, lui aussi, c'était un Témoin! Disons plus occupé qu'un médecin, qu'un dirigeant d'entreprise ou qu'un travailleur de la construction.

La propagande s'adapte aux adultes et aux enfants. Cette propagande contrôle toujours la vie de ma mère.

Elle m'a appelé hier pour m'annoncer une bonne nouvelle. Elle redevient pionnière permanente après plus de vingt ans de pause. Elle cognera donc aux portes au moins soixante-dix heures par mois. Elle est le mode de diffusion par excellence. Elle ne coûte pas un sou et applique au pied de la lettre les commandes divines. Si jamais elle frappe à votre domicile, rappelez-vous qu'elle vous demandera si vous souhaitez vivre éternellement. Rappelez-vous que vous pouvez fermer la porte à sa propagande.

14

Suicide

— Ton père m'a mise enceinte. J'avais perdu le goût de vivre. Probablement que je me serais suicidée, mais je portais ta vie dans mon ventre. J'ai décidé de marcher sur mon malheur, de te garder et de m'occuper de toi. Ton père pouvait me blesser autant qu'il le voudrait; tout ce qui m'importait, c'était de te protéger. Tu étais ma raison d'être. Si je ne suis pas morte aujourd'hui, c'est parce que tu es là. Reste avec moi!

Ces mots et ces phrases, tu les as entendus de la bouche de ta mère maintes et maintes fois. À six ans. Et maintes et maintes fois, tu les entendras encore. À sept ans. À huit ans. À neuf ans. À dix ans. À onze ans. À douze ans. À treize ans. À quatorze ans. Tu les entendras toujours. Tu peux me croire.

Tu es fort, mais tu ne peux pas tout endurer. À quoi pensait ta mère en te faisant ces aveux?

En te les répétant encore et encore? Probablement trop à Dieu et pas assez à toi.

Et toi, tu penses plus à elle qu'à toi. Tu la maintenais en vie. Tu étais son respirateur artificiel. Maintenant, il y a aussi Jéhovah.

Encore bien jeune pour réfléchir à ce genre de problème, tu te demandes ce qu'il adviendra si un jour, quand tu seras grand, tu abandonnes les Témoins, si tu empruntes un autre chemin que celui imposé par ta mère. S'enlèvera-t-elle la vie? Deviendrais-tu le complice de son geste? C'est une responsabilité trop grande pour un si petit être. La boule lourde réapparaît dans ton ventre. Ne te laisse pas abattre par cette révélation trouble. Tu es l'enfant et non le parent. Ta mère a perdu le sens de son rôle. Tu dois définir ce que tu es et ce que tu seras.

Tu as toujours craint qu'elle passe à l'acte. Se pendra-t-elle? Où cache-t-elle son fusil dans l'appartement? Quels pots de pilules dissimulés dans ses tiroirs peuvent la tuer?

À partir de ce premier jour où elle s'est livrée à toi, tu t'es imposé de prendre soin de ta mère. Mais comment? Tu avais une première mission, retrouver ta vie, et une seconde, presque impossible… sauver ta mère.

Physiquement, elle ne s'est jamais suicidée. Mentalement, elle a choisi de s'enlever la vie. Et toi? Sacrifieras-tu ta vie pour la sienne?

15

Laissez-passer
pour la vie éternelle

Je me suis souvent demandé ce que pensaient les gens qui me regardaient par le judas de leur porte. Que voyaient-ils ? Un enfant de Dieu ? Un enfant-sandwich ? Un enfant tout court ? Ces gens qui regardaient par le judas n'ouvraient jamais. Ils gardaient les yeux plantés sur moi jusqu'à ce que j'abdique. Ces gens qui regardaient par le judas avaient peur de quoi ? Ressentaient-ils le fait que je craignais qu'ils ouvrent ? Ces gens qui regardaient par le judas agissaient en bons Samaritains. Ils m'épargnaient un moment difficile à passer.

Être l'intrus, le mal venu, l'indésirable. Comme le vendeur d'assurances du lundi soir, qui appelle pendant le souper. Être Témoin de Jéhovah, c'est exactement cela. Un colporteur de la fin du monde. Chaque porte qui ouvrait annonçait la fin de mon monde. Je ne pouvais faire semblant. Je ne pouvais m'évader dans ma tête. Je ne pouvais jouer avec ma Trans Am noire 1979. Quand venait mon tour, je devais vendre l'idée du paradis et de la vie éternelle. Pas si évident pour un enfant de se prendre pour Jésus. Pas crédible. Même en cravate.

Chaque semaine, j'étais forcé de mettre en pratique les enseignements livrés dans *Comment raisonner à partir des Écritures*. Y étaient exposées toutes les questions possibles et imaginables qu'un proclamateur pouvait affronter. Une réponse formatée pour chaque question. Il n'y a pas seulement les politiciens qui se font écrire leurs répliques.

Aujourd'hui, quand un enfant cogne chez moi pour me vendre du chocolat, je lui ouvre la porte avec le sourire. Comme Forrest Gump, j'aime le chocolat. Surtout le noir à 70 % avec du caramel à l'intérieur. Je n'observe pas l'enfant par le judas. Je n'ai pas besoin d'attendre qu'il parte. Il attend juste que je lui ouvre. Cet enfant possède le meilleur des arguments de vente. Cet enfant ne vend pas la fin du monde.

Quand un enfant soldat de Dieu frappera à votre porte pour vous vendre un laissez-passer pour la vie éternelle, n'ouvrez pas. Regardez-le par le judas. Attendez qu'il comprenne que vous l'observez. Il laissera tomber le deuxième essai. Il partira en se disant que c'est un moment difficile à passer en moins.

Quand cet enfant soldat de Dieu sera adulte, il se souviendra de vous. Le bon Samaritain existe ailleurs que dans la Bible.

16

L'eau bénite

Le Stade olympique affichait presque complet. Et les Expos n'y étaient pour rien. C'était plutôt l'œuvre de Dieu. Réunis pour l'assemblée de district annuelle, les fervents prédicateurs de la bonne nouvelle prenaient le temps d'une fin de semaine la place des Al Oliver, Tim Raines, Andre Dawson et Gary Carter. Au milieu de l'abondance de discours et d'annonces positives venait le clou de l'événement : la session de baptêmes.

C'est dans une piscine gonflable de grandeur standard que se déroulait le rite. Trois Frères, vêtus d'un t-shirt blanc style Calvin Klein trop grand, étaient debout dans la piscine. Une file d'une centaine de cerveaux fraîchement lavés et prêts à tout pour servir leur Créateur attendait. À tour de rôle, ils montaient les trois marches de l'escalier. Le premier contact avec l'eau divine les faisait sautiller de joie. L'eau est bonne pour la santé et il semble qu'elle le soit aussi pour la foi. Un des Frères prenait la main du candidat, qui se bouchait le nez de l'autre. Puis sans avertissement, le Frère baptiseur le plongeait sous l'eau sacrée pendant deux secondes. Ça ne prend pas tellement de temps, finalement, pour devenir un agneau de Jéhovah.

Ta mère s'était acheté un maillot pour la grande occasion. Mais un une-pièce, tout de même. Un bikini aurait pu attiser les désirs charnels des Frères baptiseurs. Un conseil que les Anciens répétaient à toutes les Sœurs en devenir. Assis dans la rangée 101, toi. Tu craignais ce moment de grâce depuis si longtemps! En toi régnait toujours l'espoir que ta mère se réveille. Mais cette assemblée de district signait l'arrêt de mort de tes grandes espérances. Ta mère montait les trois marches qui la séparaient de sa conversion ultime, elle affichait l'air triomphant de celui qui atteint le 8848e mètre de l'Everest. Tu voyais ses mouvements au ralenti. Chaque pas rendait ton âme de plus en plus lourde. Tu suffoquais.

Ta mère s'est abandonnée à ce rituel millénaire devant près de cinquante mille Témoins. Et devant toi. Première prise. Fraîchement émergée de l'eau, elle sera dorénavant appelée Sœur. Deuxième prise. Les cravatés et les robes fleuries qui t'entouraient applaudissaient comme le font les admirateurs de Michel

Louvain et de Patrick Norman. Ils ne connaissaient même pas ta mère. Mais, pour eux, c'était le cri de la victoire. Ils lui souhaitaient bienvenue à bord. Pour toi, c'était l'annonce de la fin de ton monde. Tu perdais ta mère. Troisième prise. Retiré.

17

Le rêve de ma mère

Je me sens glorifié comme Jon Bon Jovi. Tout le monde autour de moi m'acclame. Je n'ai pourtant encore rien chanté. Mes cheveux sont coupés court. J'ai peur. Je ne devrais pas. Mais j'ai le cœur qui bat à un rythme inconstant. J'ai chaud. Mon front est couvert de sueur. Comme celui d'André-Philippe Gagnon. Sans le savoir, je m'apprête à imiter ce que des milliers ont fait avant moi. Mon inconscience camoufle mon insouciance. La foule se resserre. Elle m'étouffe. Je tente de me frayer un chemin quand une main me rattrape le bras et me tire hors de la foule. Au moins, je suis sorti de là. De grands projecteurs s'allument et leur lumière blanche m'aveugle. Je garde les yeux fermés. Curieusement, le noir m'inquiète moins en ce moment. Des mains me projettent violemment au sol. Je crois être un artiste déchu. Abattu.

Je me suis débattu en vain. La loi du nombre a toujours raison.

On me traîne de force, moi qui n'en ai plus. Plouf! En moins de deux, je me retrouve sous l'eau. Elle est glaciale comme celle du Groenland. Je sais à peine nager. Quand je montre le bout de mon nez à la surface, une main me replonge sous l'eau. Je manque d'oxygène. Les fonds marins ont l'apparence du couloir de la mort. Rien d'invitant.

Certains revoient les images de leur vie en rafales. Pas moi. Je n'ai pas de vie. Et je vais perdre ce que je n'ai jamais eu. Difficile à croire. Je discerne à travers l'eau le visage de ma mère. Elle qui devrait me tendre la main et me sauver de la noyade préfère me regarder mourir. Avec le sourire, même. J'aimerais crier, mais, si j'ouvre la bouche, l'eau m'envahira pour toujours. Un seul choix, me laisser partir. Je m'imagine ce que j'aurais pu devenir. Un joueur de hockey. Un acteur. Un pilote de course. Je m'évade et, pour la première fois de ma vie, qui n'en est pas une, je me sens presque serein. Ma solitude est devenue mon alliée. Au fond de mon être résonne une voix forte et aride :

— Vous êtes maintenant Frère !

Je me réveille en sueur. J'ai crié si fort que même mon chat Minime s'est levé le museau. Être victime de la même illusion que ma mère. Ma hantise.

C'ÉTAIT UN MAUVAIS RÊVE!

J'ai pu dans les années qui ont suivi faire acte de résistance. Ma mère n'a pu me forcer à plonger. Encore aujourd'hui, je devine que c'était son plus grand rêve. «Il faut rester fidèle à ses rêves de jeunesse, ce sont les seuls», disait Bourgault.

— Maman, ton rêve n'en est pas un!

C'est ce que je lui répète souvent, très souvent.

Merci, marraine Sylvie.
Je t'aime.

— *Chez nous, c'est chez toi. Peu importe t'es où, tu fais quoi, y est quelle heure, t'as ta place ici.*

Je ne sais pas trop pourquoi, mais depuis que je suis petit je ressens un grand réconfort en sa présence. Elle ne juge pas. Elle écoute et comprend. Ce que je ne disais ni à ma mère ni à mon père, je pouvais le dire à ma marraine Sylvie sans avoir peur de sa réaction. C'était rassurant. M'exprimer sans filtre et sans retenue représentait pour moi un luxe. Je pouvais me le permettre avec elle. Lui dire à voix haute mon entière souffrance. Lui dire à voix haute que je n'étais pas bien. Lui dire à voix haute que je n'étais personne. Lui dire à voix haute autre chose que des mensonges. Lui pleurer à chaudes larmes mon désespoir de ne pas savoir comment commencer ma vie.

Toujours elle m'a ouvert son oreille, ses bras et sa maison. Quand je lui déversais mon malheur, la lourde boule disparaissait de mon ventre. Ça me faisait du bien. Pendant ces courts moments, je n'étais plus un enfant Témoin mais juste un enfant.

Elle me raconte que c'est dans son lit que j'ai dormi la première fois après ma naissance. C'est probablement pour cette raison que j'ai toujours aimé dormir chez elle.

Je me sentais plus chez moi chez elle que chez mes parents. J'y respirais un air plus sain que celui des Saintes Écritures. Dans sa maison située au bout d'un rang de *L'Ange-Gardien*, elle me donnait le goût de poursuivre ma route, même si celle-ci semblait me mener directement vers un précipice.

Je m'ennuyais pourtant de ma mère, seul au milieu de la nuit dans la chambre d'invité. Mais la mère que j'avais aimée était morte. Je m'ennuyais donc de l'irréel. Ma mère, elle, y adhérait. Une relation mère-fils entre deux réalités.

Ma tante prenait soin de moi comme si j'étais son enfant. Et comme elle ne se prenait pas pour ma mère, je goûtais davantage chez elle que chez moi à la liberté et à la découverte.

À la Saint-Valentin il y avait des cœurs à la cannelle et des Kisses, à Pâques il y avait des lapins en chocolat et des œufs Cadbury, à l'Halloween il y avait des sorcières et des bonbons, à Noël il y avait un sapin et des cadeaux. Tout cela me changeait du calendrier de Témoin affiché chez ma mère sur le mur du couloir.

Chez moi, je m'imaginais chez ma marraine juste pour sentir que j'étais chez moi.

Merci, marraine Sylvie. Je t'aime.

18

Ta famille

Ta famille n'est pas nombreuse. Ta mère. Ton père. Ta grand-mère. Ton grand-père. Ta mamie. Ton papi. Ta marraine Sylvie. Ton parrain Daniel. Tes oncles Stéphane et Sylvain. Ta tante Anne-Marie.

Si elle les avait surpris en te donnant la vie dans la tourmente, ta mère a bouleversé tes proches en adhérant à une nouvelle idéologie. Ta vie de famille avait déjà tout d'une tempête. Ta mère aurait pu consulter les siens avant d'inviter Jéhovah à leur table. Illuminée, ta mère a annoncé la «bonne nouvelle» à ta grand-mère:

— Môman, j'étudie!

— Tu retournes au cégep?

— J'étudie la Bible. J'suis Témoin. Témoin de Jéhovah.

Ta grand-mère maternelle est une pratiquante, une pure catholique comme la plupart des grands-mères de l'époque. Elle va à la messe tous les dimanches. Elle s'accroche un chapelet autour du cou. Elle croit au purgatoire. Elle ne te dérange pas avec sa religion. Tu aimes ta grand-mère.

À l'époque, les Témoins de Jéhovah étaient encore peu connus. On les trouvait souvent ridicules avec cette habitude de cogner aux portes avec chemise blanche et cravate, mais on ne savait trop quoi en penser. Ta mère s'est chargée de propager la « bonne nouvelle » dans sa famille.

— Le paradis existe. Je vais vivre éternellement. Ma vie a changé !

Ta mère omettait de t'inclure. Et d'annoncer que plus rien ne serait pareil. Plus rien. Fini Noël. Fini les anniversaires de naissance. Fini Pâques. Fini l'Halloween. Fini les cheveux longs. Fini la musique apocalyptique de Genesis. Fini le petit joint de temps en temps. Fini la vie comme tout le monde.

Ta grand-mère, que tu adorais, n'avait pas tout à fait saisi l'étendue des dégâts à venir. Et, comme elle était croyante, le fait que sa fille, ta mère, expose sa foi ne lui paraissait pas une si mauvaise chose.

Et toi ? Personne ne pensait à toi ? Que ta mère devienne une sainte fanatique, cela pouvait arranger les gens qui s'inquiétaient du désordre de sa vie. Mais pourquoi te laisser vivre une telle transformation au vu et au su de tous ? Celui qui laisse conduire un autre en état d'ébriété n'est-il pas coupable ? Comme Valentine dans le roman du même nom de George Sand, tu porteras toute ta vie le stigmate indélébile du choix que ta mère a fait à ta place.

Du haut de tes six ans, sur qui pouvais-tu compter pour te sortir de là ? Surtout que ta famille avait avalé sans haut-le-cœur la vie renouvelée de ta mère ? Sur ton père ?

Même lui, dans le but de raviver la passion de ta mère, a pendant un certain temps été tenté par les Saintes Écritures. Avec sa cravate de marié déchu, il a lui aussi serpenté dans les rues de la métropole pour annoncer le grand jour de la délivrance. La religion des Témoins de Jéhovah est une sortie de secours pour ceux qui ressentent un mal-être intérieur. Même ton père a cédé un moment. Vraiment, tu étais seul au monde. Tout convergeait pour que tu deviennes un bon petit proclamateur.

Ta famille est grande. Frère Lavoie. Sœur Thibault. Frère Lefebvre. Sœur Lacombe. Frère Pelletier. Sœur Chassé. Frère Chavari. Sœur Beaulieu. Frère Leighton. Sœur Cousineau. Frère Pellett. Sœur Jules. Frère Crépeau. Sœur Bourdage. Frères. Sœurs.

19

Je ne suis pas un Témoin

Être un Témoin de Jéhovah, c'est croire que la Bible est l'œuvre de Dieu et c'est fonder son mode de vie sur les paroles bibliques.

Je crois que Jean-Jacques Rousseau, Jean-Paul Sartre et Albert Camus écrivent mieux que le commun des humains. Pourtant, ce ne sont pas des dieux.

Être un Témoin de Jéhovah, c'est adorer Jéhovah, seulement Jéhovah, et c'est se distinguer des autres sectes et religions en nommant Dieu ainsi.

Je remets constamment en question mes convictions.

Être un Témoin de Jéhovah, c'est croire que Jésus-Christ est le Fils de Dieu, qu'il existait avant son passage sur la terre, qu'il a été offert en sacrifice afin qu'existe la vie éternelle et que la passation des pouvoirs de Dieu vers Jésus eut lieu en 1914.

Je reprends les mots d'Hubert Reeves en reconnaissant que nous ne sommes que des poussières d'étoiles.

Être un Témoin de Jéhovah, c'est croire que le seul bon gouvernement est celui de Dieu et que, le temps venu, il implantera son Royaume.

Je sais qu'il n'existe aucun bon gouvernement.

Être un Témoin de Jéhovah, c'est croire qu'il y aura 144 000 oints qui auront la chance de vivre aux côtés du Christ dans les cieux.

Je comprends qu'il faut une imagination débordante pour être un Témoin de Jéhovah.

Être un Témoin de Jéhovah, c'est croire au Royaume dans lequel vivront éternellement tous les fidèles.

J'ai appris qu'un jour la terre disparaîtra, qu'il y ait un paradis ou non.

Être un Témoin de Jéhovah, c'est croire qu'il n'y a pas de vie après la mort et que seule la résurrection peut permettre d'accéder à la vie éternelle.

Je suis conscient que la vie n'est pas éternelle. Point.

Être un Témoin de Jéhovah, c'est croire que la fin du monde se produira avant que ne meure le dernier être humain né en 1914.

Je reste vigilant face à toutes les histoires que l'on raconte.

Être un Témoin de Jéhovah, c'est fonder son existence sur l'avènement du paradis terrestre et c'est demeurer à l'écart le plus possible des activités communes d'une société.

Je vis le moment présent, je travaille, je vote, je m'informe, je m'interroge, je vais à l'épicerie, je recycle, bref je suis un membre à part entière de la collectivité.

Être un Témoin de Jéhovah, c'est se définir par l'application journalière des principes bibliques et par l'abandon de ses anciennes pratiques.

Je m'aperçois que se compliquer la vie, c'est perdre son temps.

20

Far West

Ta mère t'a réveillé un peu plus tôt que d'habitude. Elle a éteint ton ventilateur à sept heures précises. Comme d'habitude, tu t'es caché sous ta couette en l'implorant de redémarrer le ventilateur. Son bruit te rassure. Chaque fois que tu entres dans ta chambre, que ce soit pour dormir, pour jouer ou pour lire, tu l'actives à haute vitesse. Ce bruit meuble ton univers, il est ton bouclier, il te coupe de la réalité que tu veux fuir, du «toi» que tu n'es pas.

Ta mère a déposé sur ta chaise un pantalon propre gris, une chemise bleue et une cravate grise. Et trois *Réveillez-vous!* et *Tour de Garde*. Ce matin-là, tu t'apprêtais à poser pour la première fois un geste que tu répéteras trop souvent par la suite : cogner aux portes et annoncer la fin du monde. Tu avais sept ans. Tu étais un enfant. À l'école, tu étudiais l'histoire du

Québec. Dans la rue, tu annonceras celle de Jéhovah.

C'était sur la rue Baillargé. À l'intérieur des gros immeubles blancs délavés par la pollution flottaient des odeurs de rôties brûlées, de café filtre, de lendemain de veille et de plaisirs consommés. Sur la rue Saint-Donat, deux garçons de ton âge jouaient au cowboy avec des fusils à l'eau. Tu es passé devant eux en faisant semblant de lire un extrait du *Réveillez-vous!* Tu aurais voulu disparaître. Pour toi, marcher devant de possibles amis, de possibles camarades de classe, de possibles usagers d'un autobus jaune, c'était comme traverser un territoire ennemi en temps de guerre. Tu représentais une cible à tout moment, l'Indien de service. Tu étais l'étranger. Tu livrais un message auquel tu ne croyais pas.

Avec ta mère, tu es monté au troisième étage de l'immeuble. De la porte brune avait disparu le numéro de l'appartement. Ta mère t'a fait signe de frapper. Comme toujours quand tu étais dans une situation terrorisante, une lourde boule s'est installée dans ton ventre. Le manque d'oxygène te faisait perdre la parole et la gêne te gagnait. Comme chaque fois qu'une boule pesait sur ton ventre, tu n'étais plus toi, tu n'étais plus celui que ta mère voulait que tu sois, tu devenais un autre que tu ne connaissais pas. Un inconnu s'emparait de ton corps.

Dans le corridor résonnait le bruit sourd des émissions de télévision que regardaient les voisins de celui que tu allais réveiller. Dans le corridor ont retenti les coups de ton poing sur la porte écaillée. Tu avais décidé de cogner avant que ta mère ne le fasse. Après être passé à l'acte, tu as prié pour que personne n'ouvre. Tu as même imploré Jéhovah pour qu'il exauce ta demande. La porte est demeurée fermée. Mais il faut toujours deux essais en prédication. Toc! Toc! Avant que tu frappes le troisième coup, un homme a ouvert. Vêtu d'un sous-vêtement Fruit of the Loom, décoiffé par son oreiller, une femme nue tatouée sur la poitrine et un cœur sur l'épaule, il ne représentait en rien le patient type en quête d'une thérapie par les Saintes Écritures du monde nouveau.

— Pas vraiment l'temps...

Ta mère t'a poussé dans le dos. Tu aurais voulu prononcer: «Moi non plus» ou une autre réponse semblable, mais ta mère t'avait appris d'autres mots.

— Ehhh, on... on visitait votre quartier ce... ce matin pour ehhh...

L'amateur du fruit défendu t'a coupé la parole sans avertissement. Il t'a du même coup coupé toute envie de faire du porte-à-porte. Tellement que, plus tard, tu n'as même pas été en mesure d'être livreur de journaux.

— Chus pas intéressé!

Il a refermé la porte. Bang.

Tu n'as jeté aucun regard vers ta mère. Tu as préféré regarder par la fenêtre du couloir. Pow pow pow! Les deux garçons de ton âge tiraient sur des adversaires fictifs. Pow pow pow! Tu les enviais tellement. Jouer au cowboy n'était pas ton jeu favori. Néanmoins, ces enfants représentaient une vie que tu n'aurais jamais. Toi, ton enfance était gâchée. Pow pow pow! Ta mère t'a vite ramené à ta réalité en te pointant du doigt la porte voisine.

Ce samedi matin-là sur la rue Baillargé, tu ne soupçonnais pas que tous les samedis suivants seraient identiques. Ce samedi matin-là sur la rue Baillargé, tu fus enterré vivant.

21

Temps « zéro »

Entre le moment où je frappais à la porte et celui où elle s'ouvrait existait le moment que j'appelais le temps «zéro». Comme un vide intemporel dans lequel je flottais et dans lequel je perdais toute notion de la réalité. Certes, quand les gens répondaient, ce «zéro» passait vite. Néanmoins, il m'offrait la chance d'être un autre enfant que celui qui frappait à la porte. Heureusement, les gens n'ouvraient qu'environ trois fois sur dix. C'était peut-être cela au fond, la «bonne nouvelle».

Dans ce «zéro», je desserrais le nœud de ma cravate, je laissais choir sur le béton du balcon le *Réveillez-vous!* et le *Tour de Garde* bimensuel que je devais offrir. Je m'assoyais dans les marches de l'escalier et je pointais mon regard vers le ciel. D'habitude, les enfants qui regardent le ciel s'imaginent que les nuages forment un crocodile, un avion, un cheval ou une tortue. Je voyais plutôt le jardin d'Éden.

Le soleil était éclatant, les oiseaux chantaient, les papillons volaient ici et là, les arbres étaient majestueux et bien garnis, des zèbres s'abreuvaient au ruisseau. Je courais dans la plaine avec un troupeau de lions comme d'autres le font avec leur meilleur ami dans un parc à chiens. Un lion se détacha du groupe et sauta sur moi. Après quelques roulades avec le roi félin, je me relevai et ris aux éclats alors qu'il me léchait le visage. J'en profitai pour lui faire une grande caresse. Derrière moi, une brebis m'invita à la caresser à son tour. Je m'assis en tailleur et le lion et la brebis se couchèrent à mes côtés. Je les flattais comme on flatte son chat pour qu'il ronronne plus fort. Au-dessus de nos têtes, j'aperçus un grand vautour noir. Il volait vers un petit arbre fleuri en émettant de puissants cris. Mon oreille était captivée. Tellement que je me relevai pour me rapprocher du rapace presque jusqu'à pouvoir le toucher, juste assez près pour qu'il déploie ses ailes et s'envole.

Mais, au lieu de le regarder partir, je fus attiré par un superbe fruit rouge qui brillait plus que les rayons du soleil. Un serpent d'un vert éblouissant était enroulé autour. Ses yeux étaient vifs. J'étais hypnotisé. Il sortit la langue à quelques reprises comme le fait un serpent pour capter les odeurs et il disparut. Je ne sais

pas pourquoi, mais je pris le fruit que je cro-
quai à pleines dents. Il était juteux et sucré.
Meilleur qu'une McIntosh qu'on vient de cueil-
lir au verger un dimanche de septembre. Je ne
pus me contenir, je l'avalai au complet. Je faillis
même manger les pépins tellement j'aimais le
goût du fruit.

— Mais qu'est-ce que tu fais là?

C'était ma mère. J'avais oublié que je l'ac-
compagnais dans la prédication.

— J'avais faim. C'est long, le porte-à-porte.
Besoin de vitamines, je pense.

— Tu sais que c'est défendu, non? On le
répète assez souvent… J'peux pas croire que
tu y as goûté…, dit-elle en brandissant ce qui
restait du fameux fruit rouge.

— J'y ai plus que goûté, y reste juste le cœur!

— C'est pas vrai! Tu seras puni pour avoir
désobéi!

— Tu penses que me faire faire du porte-
à-porte, c'est pas me punir, ça!…

Ma mère m'enleva ce qui restait du fruit.
Puis, avec énergie, elle croqua le peu de chair
qui avait survécu à mes bouchées.

— Eille! Toi aussi, tu pouvais pas résister
finalement?

La porte s'ouvrit sur une dame:

— Oui, bonjour. Je peux vous aider?

Ma mère lui remit le reste du fruit puis elle
m'attrapa la main et me tira de là à toute
vitesse.

Évidemment, tout cela n'était vrai que dans le temps «zéro». Dans la réalité, ma mère ne mangeait pas le fruit défendu. Encore aujour-d'hui, ce dernier ne fait pas partie de son ré-gime. J'aimerais qu'elle triche au moins juste une fois et qu'elle le déguste. Une seule bou-chée lui révélerait sa faillite. Enfin! Elle possé-derait le nécessaire pour repartir, elle aussi, à zéro.

22

L'autre rentrée

Le baptême de ta mère allait transformer ta vie. Rien de faux. À part ses croyances, bien sûr. Comme tout bon jeune garçon de l'est de la métropole, tu fréquentais ton école de quartier située à quelques rues de chez toi. Comme tes amis. Chaque jour, la cloche sonnait et vous couriez jouer au hockey dans la rue. Vous étiez Gretzky, Gartner, Liut, Bossy. Des professionnels de la balle orange. Rien de moins.

C'était un après-midi d'octobre. Comme d'habitude, la cloche sonna à quinze heures vingt. En te dirigeant vers ton casier pour prendre ton sac et ton Titan, tu aperçus de la visite que tu n'attendais pas. Ta mère! Elle était accompagnée de la directrice. Tu ne voyais pas ce que tu avais fait de mal. Tu étais un élève modèle. Gentil. Poli. Réservé. Premier de classe. Ta mère n'avait pas seulement le défaut d'être Témoin, elle t'avait aussi enseigné les bonnes manières et de belles valeurs. Mais ce jour-là, ta bonne éducation ne servait à rien. «Ramasse toutes tes affaires», te lança-t-elle. La directrice te souhaite du succès dans ta nouvelle école. C'était cela aussi, la vie de Témoin. Changer d'école en plein milieu d'année. Changer d'école pour éviter le cours de catéchèse. Changer d'école pour suivre le cours de morale. Anormal. Immoral. Faire subir cet affront à un enfant de deuxième année. La religion de ta mère effaçait graduellement toute ton identité. Ton cerveau se faisait laver, et pas au cycle délicat.

CECM pour CEPGM. Tu avais marché. Maintenant tu t'assoyais dans l'autobus jaune. Tes amis s'étaient appelés Éric, Jean-François, Martin, Kevin, Steve, Karine. Maintenant, dans la cour, il y avait Angelo, Andy, Jonas, Réginald, Laflèche, Richère. Tu avais été athée. Tes amis aussi. Dorénavant, tu étais Témoin de Jéhovah. Tes camarades s'identifiaient comme baptistes, adventistes, protestants, missionnaires de l'Esprit saint. Le soccer avec un contenant de jus bourré de papier en guise de ballon remplaçait le hockey avec une balle orange.

Le lendemain matin, tu faisais le piquet au coin des rues French et Hochelaga pour attendre l'autobus jaune. Tu ressemblais aux Témoins des stations de métro, mais sans *Réveillez-vous!* Dans ton ventre prenait place la même boule que quand ton père injuriait ta mère. Durant ces moments, tu croyais perdre l'usage de la parole. Les mots sortaient maladroitement, avec hésitation. C'est peut-être pour cela que tu étais réservé, pour t'assurer de ne pas paraître ridicule. Les trente-trois paires d'yeux se sont tournées vers toi dès que tu as foulé le plancher du Blue Bird. Le vieux chauffeur à la cigarette t'a fait signe de t'asseoir derrière lui. En t'asseyant, tu as ressenti un étourdissement. Tes aisselles étaient humides. Ton front aussi. Puis l'autobus s'est mis à rouler. En empruntant la rue Notre-Dame vers l'ouest, il devait frôler les 75 km/h. Les nombreuses bosses sur l'asphalte abîmé auxquelles s'ajoutaient les trop bruyants cris de tes camarades t'ont donné la migraine et la nausée. Tu t'es retenu jusqu'au feu rouge de la rue Dickson. Le feu vert signait l'expulsion de la plus abondante vomissure de ta jeune existence. Même le vieux chauffeur à la cigarette en a reçu. Les trente-trois bouches présentes dans l'autobus se sont tues en même temps. Et elles ont éclaté de rire en chœur. Ton baptême. Tu venais de quitter l'école Armand-Lavergne pour l'école Maisonneuve de l'avenue Morgan.

Élève d'une classe de deuxième année A, tu faisais partie depuis une heure du groupe multiprogramme des deuxième et troisième années bilingues. Tu quittais le confort de ton école de l'est de la ville pour l'inconnu d'un établissement multiethnique et multiconfessionnel où l'enseignement était différent de tout ce que tu avais connu jusqu'à présent. L'anglais a augmenté ta crainte de parler devant un public. Tu es demeuré muet durant l'entière première semaine. En cachette, tu jouais avec ta petite Trans Am noire 1979, celle qui arborait un aigle royal sur son capot. Dans ta tête, tu te sentais libre comme ce grand prédateur doré.

Madame Rosa, l'enseignante, a tenté de te faire parler dès la deuxième semaine. Devant la classe, elle t'a fait lire une page du livre *John and Mary Going to School*.

Bienvenue à la Commission des écoles protestantes du Grand Montréal.

23

L'école buissonnière

L'éducation primordiale pour un Témoin est l'enseignement des convictions religieuses. L'école passe au second plan. Jamais je n'ai été encouragé à atteindre l'excellence scolaire. Pourtant, je me suis toujours positionné dans les cinq premiers de ma classe de la maternelle (!) jusqu'en deuxième secondaire. Je trouvais l'école facile. Probablement grâce à ma mémoire et à mon amour du français. Ma mère éprouvait une certaine fierté en raison de mes succès, sans plus. Elle me répétait souvent que la réussite dans le système actuel avait peu d'importance. Que ce qui comptait aux yeux de Jéhovah demeurait notre foi en lui. Qu'arrivés au paradis, nous serions tous égaux. Que l'obtention du DES suffisait à mener une vie correcte jusqu'à l'avènement du royaume de Jéhovah.

J'ai tellement ri intérieurement les premières fois que je l'ai entendue affirmer cela.

Par contre, l'effet pervers est qu'un jour j'y ai cru. Pas aux enseignements divins. J'ai cru que les études étaient secondaires.

J'étais en troisième secondaire quand j'ai connu la signification de *foxer*. J'ai *skippé* un cours de mathématiques. Je fréquentais l'Académie Dunton, digne représentante de la CEPGM. Là où on enseignait la morale. Un lieu de mixité totale.

Je m'étais rendu au métro. Ligne verte direction Berri-de-Montigny. Ligne orange direction Place-d'Armes. En ligne droite direction nulle part. J'étais libre comme l'aigle du capot de ma Trans Am noire 1979. En réalité, je m'approchais peu à peu de mon tombeau. Comme celui qui prise une innocente ligne de cocaïne, j'y ai pris goût. D'un cours, je me suis absenté volontairement jusqu'à deux jours complets par semaine. Je flânais. Ligne verte. Ligne bleue. Ligne orange. Ligne verte. Ligne orange. Ligne verte. Question de me garder en forme, j'ai parcouru à pied la rue Sainte-Catherine d'est en ouest. Pluie ou soleil, j'ai marché. Mon chemin de croix. Je comptais les secondes. Je comptais mes pas. Je comptais les lampadaires. Je comptais les sans-abris. Je comptais les rues. Je comptais les voitures. Mes jours à l'école étaient comptés. Le bulletin qui a suivi ma grande évasion scolaire fut lamentable. Mathématiques : 43 %. Français : 51 %. Anglais : 39 %. Sciences physiques : 41 %. Arts plastiques : 47 %.

Éducation physique : 52 %. Jours d'absence : 23. Au stylo noir, j'ai falsifié mes résultats.

Élevé au stade de chouchou au primaire, je descendais à celui de délinquant au secondaire. Ma mère n'a jamais saisi que je lui devais ma débandade. Elle a préféré croire que mon entourage m'influençait négativement. J'ai pourtant entraîné un ami Témoin à me suivre dans le métro et sur la rue Sainte-Catherine. Pour me remettre dans le droit chemin, ma mère m'a ordonné de lire des articles de *Réveillez-vous!* sur la place que doit occuper l'école dans nos vies. Je ne les ai jamais lus. Fin juin, j'ai été accepté en quatrième secondaire. Comment j'ai fait ? J'ai pris les bonnes décisions aux examens à choix multiples du Ministère.

Ma mère travaillait dans les cuisines du Centre Pierre-Joseph-Triest. Elle quittait la maison à 13 h 15 du lundi au vendredi. Dissimulé dans la ruelle, je guettais son départ. À 13 h 19, je m'étendais sur mon lit. À 13 h 37, je jouais à *Ice Hockey* sur ma console Nintendo. À 14 h 53, je me préparais trois hot dogs Cheez Whiz au micro-ondes. À 15 h, j'écoutais Rhéaume « Rocky » Brisebois et Pierre Trudel à la radio en lisant les statistiques du sport du *Journal de Montréal*. À 18 h 30, ma mère revenait à la maison. À 18 h 52, je serrais ma cravate. À 19 h 01, on partait pour la Salle.

Fréquenter l'école buissonnière, pas celle d'Outremont, c'était aller à l'école de la vie. La petite Portugaise avait mon âge. Elle *skippait* ses cours. Elle vivait la même liberté que moi. Un jour, à 13h15, elle s'est dissimulée dans la ruelle avec moi pour guetter le départ de ma mère. À 13h18, on a bu une bière. À 13h29, on en a bu une autre. À 13h41, on s'est enlacés dans mon lit. À 13h54, on était déviergés. À 14h27, la Portugaise partait. À 14h28, je dormais. À 18h30, ma mère revenait à la maison. À 18h52, je serrais ma cravate. À 19h01, on partait pour la Salle.

Ma mère n'a jamais deviné que j'interprétais ma double vie comme Alex dans *Orange mécanique*. Ma mère n'a jamais deviné que c'est sa religion qui m'a fait vivre de cette façon. Ma mère ne saura jamais qui je suis.

24

L'école théocratique

C'était le 22 novembre 1983. Un mardi soir de novembre. Tu n'aimais pas ce mois des morts. Et encore moins les mardis soirs de tous les mois de toutes les années depuis deux ans. Mais ce mardi 22 novembre 1983, tu l'avais en tête depuis quatre semaines. Comme tu devais suivre les étapes de la bonne marche de la foi, ta mère a eu l'illumination de t'inscrire à l'école théocratique. C'était donc dire que, dorénavant, tu prononcerais des discours à la Salle du Royaume. Celle de la 32e Avenue. Devant environ quatre-vingt-quatre croyants zélés. Pendant cinq minutes chronométrées. Sur l'estrade avec lutrin et micro.

Enfants, obéissez à vos parents. Éphésiens 6,1-24. C'est ce qui était inscrit sur ta feuille de discours. Avec ta mère, tu as lu ces versets des Écritures grecques une quinzaine de fois au minimum. Le dimanche matin. Le lundi soir.

Le mercredi soir. Le samedi après-midi. Toujours avec ta mère, tu as fouillé dans les divers ouvrages de l'organisation afin de structurer la pensée que tu allais diffuser dans ton discours. C'est pour cela qu'elle se nomme l'école théocratique : ce qu'elle exige est comparable aux devoirs scolaires. En troisième année, tu faisais des recherches sur le loup gris et l'URSS. Chez les Témoins, tu t'intéressais à la parole de Dieu. Outre les sujets, c'est le même processus de travail. Avec ta mère, tu as écrit tes commentaires. Puis tu as minuté ton allocution : 3 min 59 s.

— Tu parles trop vite. Quand je le lis, moi, j'arrive à cinq minutes pile.

Tu n'as rien répondu. Mais, t'exerçant, toi aussi, tu es parvenu à faire cinq minutes pile. Les 20 et 21 novembre, tu as répété ton allocution devant le miroir de ta chambre puis devant ta mère dans la cuisine. Tu avais huit ans. Tu n'avais jamais parlé dans un micro. Ni devant un groupe de plus de vingt camarades de classe.

— Es-tu prêt ? L'autobus passe à et cinquante et un.

Dès que tu es monté à bord de l'autobus 187, la boule est réapparue dans ton ventre. Plus lourde. Plus imposante. Ta cravate te serrait le cou plus que d'habitude. Tes pantalons propres te piquaient plus que d'habitude. Le regard des usagers de l'autobus t'importunait plus que d'habitude. Jéhovah te dérangeait plus que d'habitude.

Tout le monde te souriait. Frère Lavoie. Sœur Thibault. Frère Lefebvre. Sœur Lacombe. Frère Pelletier. Sœur Chassé. Frère Chavari. Sœur Beaulieu. Frère Leighton. Sœur Cousineau. Frère Pellett. Sœur Jules. Frère Crépeau. Sœur Bourdage. Pour eux, pour ta mère et surtout pour toi, c'était soir de première. L'événement de la réunion.

Il y eut le cantique. Il y eut la prière. Il y eut l'allocution du serviteur ministériel. Il y eut les annonces de la semaine. Il y eut un autre cantique. Et il y eut ton discours.

— Il vous propose la lecture des Éphésiens chapitre 6, versets 1 à 24. *Obéir à ses parents pour vivre éternellement*. C'est son premier discours. À toi.

Tu t'es levé sous les applaudissements chaleureux de la foule. Comme si tu étais un *preacher* américain. Durant les cinq minutes qui suivraient, tu incarnerais le prophète qui livre un message attendu. Comme Jacob. Comme Salomon. Comme Noé. Le tapis qui te menait à l'estrade n'était pas rouge, mais il représentait ta route vers le succès. Serais-tu le prochain Ancien de la congrégation ? Le pionnier inspirant ? Le membre du Béthel ? Le Frère Lavoie a baissé le micro à ta hauteur. Tremblotant, tu as déposé ta Bible déjà ouverte sur le lutrin et déplié ta feuille mobile lignée. Tu as regardé devant toi. Ta mère, émue. Les autres, ravis d'assister aux premiers pas d'un futur prédicateur. Le Frère Pellett attendait que tu prononces ton premier mot pour actionner son chronomètre. Rien ne sortait de ta bouche. Même pas un lexème. Ton cœur palpitait. Ta boule s'alourdissait. Ta salive s'épaississait.

— Je… je…

Déjà vingt secondes au chronomètre. Seulement le premier mot avait été dit. Une mauvaise première impression. Tu replongeais dans tes sentiments d'antan. Tu revoyais ta mère pleurer. Tu entendais ton père gueuler. Tu cherchais en vain ta Trans Am noire 1979 dans ta poche. Dans ta tête, tu pleurais. Tu te trouvais ridicule. Tu avais peur. Tu te sentais seul au monde. Être seul au monde au sommet du pic Uhuru, c'est sain. C'est ce que commande l'altitude du Kilimandjaro, un état de méditation intérieure. Être seul au monde derrière le lutrin de la Salle du Royaume de la 32e Avenue, c'est manquer d'oxygène. Rien de méditatif.

— En-enf… voyons… en-enfants, o-obé… obéissez à vos pppa-pa-parents…

Quand le Frère Pellett a frappé sur son bureau avec son stylo parce que ton temps était écoulé, il te restait à lire les versets 18 à 24 et ta conclusion. L'assistance t'a applaudi modestement. Ta mère avait les yeux pleins d'eau. Tu as oublié ta Bible et ta feuille mobile sur le lutrin. Tu as couru jusqu'à l'arrière de la Salle sans regarder personne. Tu t'es réfugié dans les toilettes au sous-sol.

— Bravo pour ton courage. Pas évident de prendre la parole devant un public. L'école théocratique est là pour apprendre à le faire. La prochaine fois, ça ira mieux. Je te rencontrerai après la réunion.

Des toilettes, tu entendais le commentaire que Frère Pellett t'adressait malgré ton absence. Il y eut deux discours. Il y eut l'étude du ministère du Royaume. Il y eut l'allocution finale. Il y eut un cantique. Il y eut une prière. Quand tu as rejoint ta mère, plus personne ne te souriait. Tu étais anonyme. Sauf pour ta mère. Dans ta famille, tu étais différent. À l'école, tu étais différent. Dans l'autobus 187, tu étais différent. Même à la Salle, tu étais différent. Partout, pour tous, pour toujours, tu étais anonyme. Étranger.

C'était le 22 novembre 1983. Un mardi soir de novembre. Bienvenue à l'école théocratique.

25

Vérités et conséquences

J'ai longtemps occulté le désordre de mon enfance. À moi-même. Aux camarades de classe. Aux collègues de travail. À mes blondes. À la famille. À mon père. À ma mère, en revanche, j'en ai parlé très souvent. Mes invectives n'ont jamais mérité son attention. À un tel point qu'il m'est arrivé de me questionner sur la vérité de ce désordre. Je doutais de mes émotions. Était-ce cela, ma destinée ? Ne pas m'appartenir. Une question de survie. De mort lente. Pour moi, survivre, c'est mourir en vie. Et accepter cet état équivaut à ne plus combattre. À ne plus braver les tempêtes. À regarder passer le défilé. Je m'effaçais si lentement que je passais inaperçu. À chaque grain de gravier qui tombait dans le sablier, je m'approchais du néant. J'étais un être inexploré.

Quand autour de moi on prononçait le nom de la religion de ma mère, je souhaitais que personne ne poursuive la discussion. Quand on frappait à la porte de mon père le samedi matin de la fin de semaine où j'étais chez lui, je craignais la présence d'une paire de Témoins. Quand le professeur faisait allusion aux fêtes ou à toute autre chose qui touchait de quelque façon que ce soit à mes convictions religieuses forcées, je me faisais invisible. Je fuyais toutes associations possibles entre les Témoins et moi. J'aurais tant voulu avoir les mêmes souvenirs de jeunesse que tout le monde. Et parfois je m'inventais un passé, je racontais des histoires dont j'aurais aimé qu'elles soient les miennes. On nage en eaux troubles quand le mensonge se substitue aux faits réels. Ma double vie prenait toujours le dessus. Elle m'écrasait. J'étais sa proie. J'étais perdu.

J'avais inventé de toutes pièces à mon ami Gabriel que je jouais dans une équipe de hockey quand j'étais chez mon père. J'avais même inscrit dans mon agenda mes fausses statistiques : j'étais le meilleur compteur de la ligue ; les recruteurs auraient dû me remarquer. Pourtant, nulle part on ne citait mon nom. Ni mon prénom. Mais j'y croyais, à tout cela. Dans ma tête, c'était réel. J'avais inscrit soixante et un buts. Ce monde de fantasmes était pour moi un besoin primaire venant juste après la nourriture et le logis.

De fortes doses d'audace sont requises pour quiconque ose se regarder dans le miroir. Notre reflet nous touche là où ça fait mal. Ç'a été brutal quand je me vis pour la première fois. Je portais des œillères. Une cagoule sans trous pour voir. Tout pour demeurer dans le noir.

Il n'est pas très respectable de tromper autrui. Mais certains se plaisent à le faire. C'est plus grave quand on se trompe soi-même. En me mentant, j'ai fait surgir mes vérités. Et leurs conséquences. J'ai eu le choix de continuer dans le déni ou de côtoyer mes abîmes. J'ai cru qu'à long terme le déni me plongerait dans les ténèbres pour toujours. Accepter que j'avais un jour vraiment été un Témoin de Jéhovah fut pour moi le plus difficile. Hurler. Sangloter. Dévasté.

Je me suis inventé une histoire vraie. Cela ne rimait en rien avec la biographie de tout le monde. C'était mon adaptation du jeu *Vérités ou conséquences*.

26

La soldatesque

Tu étais comme les autres autour de toi. Vieux, jeunes, hommes, femmes, enfants, adultes. Tu étais comme eux. Les filles en robe. Les filles en tailleur. C'était plus frappant chez les gars. Le style propre. Le style respectable. Le style bonne coupe, bon prix, bonne réputation. Tu étais debout, dans la rangée, bien rangé parmi ces êtres dérangés. Tu les examinais un à un, une à une. Ils avaient l'air radieux. Elles étaient radieuses. Tu avais la mine basse. Dans ta tête seulement. Si tu avais pris une photo de toi, tu aurais vu que tu leur ressemblais. Ton cycle lavage était en cours. Tu baissais la tête pendant la prière. Tu chantais pendant le cantique. Tu levais la main pendant l'étude biblique pour répondre à une question. Tu prêchais la bonne nouvelle de porte en porte. Tu connaissais par cœur tous les mots de Matthieu 24,14, Éphésiens 6,1, Psaumes 83,18, 1 Jean 4,3. Tu lisais le texte du jour. Tu assistais aux assemblées de circonscription et de district. Tu étais présent au Mémorial. Tu prononçais des discours à la Salle.

Tu ne fêtais pas Noël. Tu ne fêtais pas ton anniversaire. Tu ne mangeais pas de chocolat à Pâques. Pas de bonbons à l'Halloween. Tu ne fréquentais pas les gens du monde. Tu n'écoutais pas de musique aux paroles jugées immorales. Tu ne regardais pas d'émissions prônant la violence. Adieu, *Batman*. Adieu, *Bugs Bunny*. Tu étudiais *Le livre rouge* avec ta mère chaque semaine. Tu faisais une prière avant chaque repas et avant de dormir. Tu ne jouais pas dans une équipe de hockey. Tu pouvais manquer l'école quand c'était jour de fête païenne. Tu refusais les cadeaux que ta famille t'offrait s'ils t'étaient remis à ton anniversaire ou à Noël.

Tu aspirais à devenir un missionnaire, un serviteur ministériel, un Ancien, un surveillant, un laveur de vitres. Tu jouais avec des enfants de Témoins. Tu avais un calendrier de Témoin dans ta chambre. Tu rêvais de visiter le Béthel à New York. Tes modèles étaient Frère Joly et Frère Taschereau, Noé et Abraham, Salomon et Jésus. Tu collectionnais les *Tour de Garde* et les *Réveillez-vous!* au lieu de bandes dessinées. Tu ne mangeais pas de saucisses qui contenaient des sous-produits.

Tu prenais ta pause au Dunkin' Donuts sur Sherbrooke pendant la prédication du samedi matin. Tu t'imaginais fort comme Samson ou comme David contre Goliath. Tu savais l'histoire d'Adam et Ève et tu savais que Jésus avait été cloué sur un poteau et non sur une croix. Tu craignais Satan et ses influences. Tu étais un enfant soldat de Jéhovah.

Merci, mamie. Merci, papi.
Je vous aime.

L'entrée principale de l'école Tétreaultville s'ouvrait sur l'avenue Lebrun. Seuls les élèves qui se déplaçaient à pied avaient le privilège de sortir par cette porte. J'étais l'un d'entre eux. Et parfois à la sortie de l'école m'attendait une heureuse surprise.

En franchissant le seuil, j'aperçus la Chrysler Reliant K ornée de faux bois de ma mamie et mon papi. Ils m'attendaient.

— *Allô, Goglu, viens-tu manger une patate?*

Je montais à l'arrière, le cœur soudainement léger. Et ils m'emmenaient faire un tour à La Belle Province qui avait pignon sur rue coin Sherbrooke et Pierre-Tétreault. C'est probablement pour cela que la scène de la cantine du film C.R.A.Z.Y. me touche autant chaque fois que je la regarde. Dans mes oreilles aussi j'entendais les paroles du grand Charles Aznavour: «Emmenez-moi au bout de la terre. Emmenez-moi au pays des merveilles. Il me semble que la misère serait moins pénible au soleil.»

Je savourais chacune de mes frites. Pas de sel. Pas de ketchup. Pour une fois que je côtoyais du vrai, j'en profitais. Mais, quand mon index et mon pouce saisissaient la dernière patate du petit sac brun graisseux, la lourde boule réapparaissait dans mon ventre. Ce petit plaisir n'était qu'éphémère. À quand leur prochaine visite-surprise?

Mamie et papi ont été tellement heureux de me savoir né. C'est ce qu'ils me disaient en mots et en gestes. C'est ce que je constate sur toutes les photos. Leur grand sourire. Le même qu'ils affichaient chaque fois qu'ils m'attendaient en face de l'école. Avec eux, je n'étais plus un enfant Témoin mais juste un enfant. Point.

Je n'avais pas le droit de déballer des cadeaux à Noël. Ni d'en recevoir. Mais eux, ils faisaient comme s'ils ne connaissaient pas les nouveaux règlements qu'imposait ma mère. C'était leur façon de résister à ma place.

Ils m'en offraient souvent. J'en recevais sûrement plus que les autres enfants de ma rue ou de mon école. Ils avaient vite compris le jeu et ils y jouaient comme des champions. Jamais je ne recevais de présents le jour de ma fête ou à Noël. Mais, au fond, peu importait la date. Cela me faisait ressentir ma différence, bien entendu, mais déjouait surtout les principes de Témoin de ma mère.

Dans la garde-robe de ma chambre, sous les chemises beiges et les cravates, je dissimulais mon kimono de karaté, mes cassettes Nintendo, mes cartes de hockey, mes lapins en chocolat, ma planche à roulettes, mon chandail du Bleu-Blanc-Rouge, mes Daoust National 301 blanc et noir, que je ressortais une journée de janvier ou de mars ou de septembre sans faire de bruit, comme si je les avais depuis longtemps, depuis avant ce jour où je suis devenu Témoin.

— C'est juste un cadeau, m'man, c'est mamie et papi qui me l'ont donné…

Merci, mamie. Merci, papi. Je vous aime.

27

Enfant unique

J'aurais aimé être unique comme les autres enfants uniques. Ma singularité m'humiliait. Mon
nom composé me décomposait. La religion de
ma mère me crucifiait. J'enviais les gens qui
étaient pareils à tout le monde. Les garçons aux
cheveux bruns qui avaient comme prénoms
Martin, François ou même Steve, ceux-là
mêmes qui jouaient dans l'équipe de hockey AA
de JST, les jeunes sportifs de Tétreaultville. Ces
enfants qui se faisaient chanter «bonne fête»,
qui écrivaient au père Noël, qui regardaient les
dessins animés et les «héros» le samedi matin,
qui suivaient le cours de catéchèse même s'ils
n'étaient pas croyants, qui mangeaient des
«clanedaques» à l'Halloween sans craindre les
réprimandes des ténèbres. Eux, ils ne ressen-
taient pas la honte de ne pas se reconnaître. Ils
vivaient. Moi, je commençais à manquer d'oxygène sous ma carapace. Ma cuirasse m'écrasait.

Mentir à ma mère. Mentir à Dieu. Mentir à mon père. Mentir à mes amis. Me mentir à moi-même. Au secours, à moi!

Martin, François ou même Steve ne mentaient pas à leurs parents. À part certains mensonges blancs bien sûr, comme tout le monde. Pas comme moi. Ils ne correspondaient pas aux exigences de Jéhovah et pourtant leurs gestes quotidiens étaient dignes des principes bibliques. Moi, je péchais pendant que ma mère travaillait à ma rédemption. Qu'aurais-je été si elle m'avait permis d'être unique comme les autres enfants uniques? J'aurais été différent. Différent de moi. Différent des autres. Différent grâce à ma personnalité et non à cause de mon statut religieux. Unique pour les bonnes raisons.

Autour de moi, tout semblait tourner rondement. Moi, je tournais en rond. Toujours le même parcours. Les autres franchissaient le fil d'arrivée et accédaient à l'étape suivante. Moi, je fréquentais les mêmes visages de la 32e Avenue, je cognais aux mêmes portes du territoire, je lisais les mêmes versets de la Bible. Je stagnais. Je m'ennuyais. Je m'effaçais comme s'efface sur la photo la famille de Marty McFly dans *Retour vers le futur*.

Parfois, j'ai cru partager les valeurs de ma mère. D'autres fois, j'ai compris que je le faisais pour lui plaire. Dans ma tête résonnait sa terrible phrase:

«Je me serais suicidée, mais je portais ta vie dans mon ventre. J'ai décidé de marcher sur mon malheur, de te garder et de m'occuper de toi.»

Pour éviter qu'elle s'enlève la vie, il fallait que j'emprunte le même chemin que ma mère, à ses côtés. Enfant non voulu, j'étais coupable d'être né. Étais-je né pour être coupable? Profond questionnement pour l'enfant que j'étais. Les autres enfants uniques devaient-ils répondre à cela, eux? Affrontaient-ils ce genre de confidence maternelle?

J'ai déjà empilé mes vêtements dans mon sac à dos *Batman* et j'ai fui pendant quelques heures le logement de la rue Desmarteau. Les enfants malheureux font des fugues ou en simulent une à dix ans, à onze ans, à quinze ans. Je l'ai fait à six ans. Dans la ruelle, tapi derrière les arbustes, je comptais les secondes, les minutes, la tête sur mon sac de superhéros en rêvant qu'un jour j'en serais un. Je répondais à toutes mes questions avec des larmes. Chaque goutte représentait l'enfant unique qui n'était pas comme les autres. Mon «moi» mort qui s'évaporait.

La solitude m'était familière. C'était seul que je me sentais le mieux. Sans rôle à jouer. Sans sourire à faire pour faire plaisir. La solitude qui m'habitait m'a permis de me connaître, et me le permet encore aujourd'hui. Les autres enfants uniques jouaient. Je réfléchissais.

Songer au chemin parcouru m'a fait mal comme si quelqu'un me tailladait les organes vitaux. J'ai eu honte de ce que j'étais parce que je n'étais pas celui que je devais être. Et j'ai été incapable d'être celui que ma mère voulait que je sois. Ni l'un ni l'autre, je n'étais rien. J'étais l'anonyme. Incapable de me reconnaître, je ne pouvais savoir qui je voulais être. Pourquoi être si mon être n'a jamais pu naître ?

Enfant unique. Être unique. Ma vie est unique. Comme la vôtre. Le jour où j'ai compris que j'étais unique comme chacun de vous, j'ai commencé à vivre.

28

Martine St-Clair

Le vendredi soir, c'était le moment de relâche de la semaine. Pas de porte-à-porte. Pas de réunion. Pas d'école théocratique. Pas d'étude de livre. Pas d'étude personnelle. Pas d'assemblée. Après le souper – vous mangiez soit du divan de poulet et de brocoli, soit du pâté chinois, soit du chili, soit du spaghetti sauce maison aux légumes –, tu sortais ton Titan avec ta palette de plastique et ta balle orange molle pendant que ta mère lavait la vaisselle. Les chaises de la cuisine se changeaient en défenseurs. Les murs devenaient les bandes sans publicités du Forum. La commode de la chambre de ta mère était le but. Tu déjouais les pattes de table, tu driblais entre les souliers et entre tes deux chats, Minime et Chatouille. Sur le plancher en linoléum, tu reconnaissais celui que tu voulais être. C'étaient tes quinze minutes de gloire anonyme.

Le vendredi soir, ta mère s'autorisait même un demi-verre de Twist Shandy. Elle mettait en marche la Sanyo et syntonisait CFGL. Tu sortais le jeu de cartes 1000 bornes. Pendant que Martine St-Clair chantait *Ce soir l'amour est dans tes yeux,* tu espérais avoir en main l'as du volant et le véhicule prioritaire. Le vendredi soir, c'était vivre une vie comme tout le monde. Le vendredi soir, c'était ne plus être un Témoin de Jéhovah. Le vendredi soir, c'était chaque fois retrouver un peu de ta propre personnalité.

Ce vendredi soir-là, tout se déroulait comme les vendredis soirs précédents. Après la partie de 1000 bornes, tu es allé dans le salon jouer à *Ice Hockey* sur la console Nintendo que tu avais reçue à Noël, mais qui, pour ta mère, t'avait été offerte par mamie et ta tante Sylvie pour les vacances d'hiver – des années plus tard, tu te demandes encore si elle pouvait être si naïve ? Ce vendredi soir-là, ta mère a décidé de déposer dans ta chambre les nouveaux périodiques pour le porte-à-porte du lendemain. Et de laver les couvertures de ton lit.

— Viens ici tout de suite !

Tu faisais comme si tu ne l'entendais pas.

— Éteins ton jeu, j'ai dit !

Ton équipe menait 5-1. Tu as appuyé sur pause. En arrivant dans ta chambre, tu as vu ta mère assise sur ton lit avec une revue qui n'avait pas l'allure de *Tour de Garde.*

— C'est quoi, ça? Ça vient d'où?

Un ami t'avait prêté son édition du *Hustler* pour la semaine. À la une, une plantureuse blonde aux formes généreuses jouait avec un étalon.

— 2 Corinthiens 7,1 dit quoi déjà? *Purifions-nous de tout ce qui souille notre corps et notre esprit et poursuivons jusqu'au bout la sainteté dans la crainte de Dieu.* Crains-tu Jéhovah?

Tu demeurais debout dans le cadre de porte, interloqué.

— Tu me déçois beaucoup, beaucoup. Il va falloir que tu comprennes le bien et le mal. Proverbes 22,15 dit que *la sottise est attachée au cœur d'un garçon* et que *le bâton de la discipline est ce qui l'éloignera de lui.*

Ta lourde boule est réapparue dans ton ventre. Tu voyais ta mère, mais tu ne la reconnaissais pas.

— Donne-moi ta main!

— T'es folle…

— Tu vas me respecter, je suis ta mère pis tu ne me parles pas comme ça. Ta main! Donne-moi ta main!

Pendant un long moment tu as cessé de respirer. Comme si tu avais franchi les frontières de ton corps, tu te sentais en territoire inconnu. Ta mère avait des airs de Michael Douglas dans *L'enragé*. Rien à voir avec l'amour «agapè», l'amour inconditionnel de son prochain que vous enseignait la Bible. Cette boule que tu

connaissais si bien, qui venait souvent t'enva-
hir, depuis ta naissance, peut-être, pesait sur
ton estomac. Tu avais envie de vomir comme
dans l'autobus jaune le jour de ton arrivée à
l'école Maisonneuve.

Pour te rassurer, tu as jeté un coup d'œil
autour de toi. Un calendrier de Témoin, des
périodiques, *Le livre rouge*, le recueil de textes
du jour. Du matériel qui aurait dû calmer ta
mère. Puis tu as remarqué dans sa main une
baguette de bois, la même qu'elle utilisait
pour remuer sa sauce à spaghetti. Elle a tiré ta
main droite vers elle puis, subitement, elle
s'est élancée de toutes ses forces. Tu as crié
avant que le bois ne claque sur ta peau. Au
total, elle t'a frappé trois fois. Tu étais prêt
pour un quatrième coup, mais la baguette s'est
brisée.

Ce vendredi soir-là, tu as compris que ce
qui comptait le plus dans le cœur de ta mère,
c'était Jéhovah. À ses yeux, tu étais secondaire.
Viendrait-elle s'excuser auprès de toi comme
ton père auprès d'elle ?

Ta mère est ressortie de ta chambre en lais-
sant la porte ouverte. Tu étais couché à plat
ventre dans ton lit à une place. Tu entendais
Martine St-Clair chanter *Il y a de l'amour dans
l'air*.

Ce vendredi soir-là, tu comprenais que,
même sans porte-à-porte, sans réunion, sans
école théocratique, sans étude du Livre, sans

étude personnelle, sans assemblée, tu menais une vie de Témoin de Jéhovah.

Ce vendredi soir-là, tu as commencé à planifier ta sortie.

29

Banquette arrière

Je me rappelle que j'étais timide avec les Témoins. J'avais peur de déranger. Je me sentais de trop et jamais à ma place. J'étais prêt à piétiner mes envies pour ne pas déplaire. Tout pour passer inaperçu. Exactement comme avec mon père et ma mère.

Ce matin-là, je prêchais la «bonne nouvelle» avec trois Témoins que je ne côtoyais pas souvent. Deux serviteurs ministériels dans la fin quarantaine et un autre dans la soixantaine. Je n'étais pas des leurs. Dans ma tête. Et aussi physiquement. Je les trouvais empreints d'une austérité qui m'inquiétait. Entre deux portes, habituellement, j'échangeais un peu. Sur des sujets rarement passionnants. Néanmoins, je m'exprimais.

Pas ce matin-là. Un silence de mort régnait. Pénible et long. J'avais l'impression que les secondes affichées en caractères numériques sur ma montre-calculatrice Casio n'avançaient plus. Le temps faisait du surplace exactement comme quand quelqu'un arrache à n'en plus finir des mauvaises herbes dans un potager.

Les trente dernières minutes de cette matinée interminable ont été vécues sur la banquette arrière de la Tercel 81 bleue de je-ne-sais-plus-quel-Frère. J'y étais assis. Je ne bougeais pas. Je ne parlais pas. Les trois mousquetaires de Dieu devaient aller rencontrer des «visites». J'explique pour les néophytes du monde de Jéhovah: une «visite», c'est une personne qui a montré un premier intérêt pour les enseignements et qui souhaite poursuivre dans la voie de la Vérité. Par exemple, ma mère avait jadis été la «visite» d'une Sœur.

Je m'étais réveillé en retard et j'avais dû me cravater à la vitesse de la lumière. J'avais gobé quelques Clorets à la menthe pour déjeuner. Même pas le temps de passer à la salle de bain. Je m'étais dit qu'au *break* – c'est comme cela que les Témoins nomment la pause de 10 h 30 –, j'aurais le temps de manger un beigne au chocolat au Dunkin' Donuts et d'aller aux toilettes. Mais les fidèles zélés de la Tercel n'avaient pas prévu cela. Trop de «visites» à convertir. Pas question d'arrêter de prêcher la bonne nouvelle pour quinze courtes minutes.

J'avais de la difficulté à tenir mon rôle, si bien joué jusqu'à maintenant, sur la banquette arrière de la Tercel 81 bleue. Il m'était difficile de faire la statue de sel avec la sensation que ma vessie allait exploser. Je me tortillais du mieux que je pouvais. Je croisais ma jambe droite par-dessus la gauche. Et vice-versa. Je tapais du pied. Pas fort. Tout pour demeurer discret. Le Frère conducteur désigné lisait le texte du jour. Les deux autres étaient partis rencontrer une «visite». Je regardais autour dans l'espoir d'apercevoir un restaurant ou une station-service. Hélas, je me trouvais en plein milieu d'un quartier résidentiel d'Anjou que je connaissais à peine. Tout était en place pour me contrarier.

Ai-je déjà dit que j'étais prêt à piétiner mes envies pour ne pas déplaire et ne pas déranger? Même quand j'avais besoin d'aller aux toilettes. J'ai regardé le Frère conducteur désigné plonger dans la lecture du texte du jour et j'ai uriné dans mon pantalon brun qui me piquait les cuisses. Plus l'urine chaude inondait la laine et le polyester de mon pantalon, plus ma peau devenait irritée. Les deux autres Frères sont revenus dans la Tercel pendant que je faisais semblant de regarder les haies des bungalows en tentant de camoufler les dégâts du mieux que je le pouvais. J'avais honte. Mais, si la honte me permettait de passer inaperçu, c'était parfait pour moi. À cause de Jéhovah, j'avais pissé dans mes culottes.

J'ai quitté la banquette arrière de la Tercel 81 bleue une dizaine de minutes plus tard. Aucun des Frères n'avait rien remarqué. Je me demande même si Dieu l'a su.

30

Le « *Votre* » Père

Dieu existe-t-il? Comment peux-tu le savoir avec certitude? Comme le dit la Bible, il est partout. C'est du moins ce que ta mère te répète en boucle. Il est toujours là. Même quand tu es aux toilettes. Même quand tu imagines une fille qui te plaît. Même quand tu penses qu'il n'existe pas. Le problème, c'est que tu ne crois pas non plus que tu existes. Tu es ainsi comparable à Dieu, ce qui n'est pas rien!

Chaque soir tu verrouilles la porte de ta chambre pour bien marquer la frontière entre les croyances de ta mère et les tiennes. Mais chaque soir – depuis déjà trop longtemps – ta mère colle sa bouche contre ta porte et te dit de ne pas oublier ta prière. Après quelques minutes, dans ton lit, seul dans la noirceur de la pièce, tu te sens bel et bien observé. Le doute s'installe en toi. Comme toujours avant que tu t'endormes. Habituellement, pour fuir le soi-disant regard divin, tu récites machinalement une série de mots banals en pensant que Dieu se fatiguera de toi et ira regarder ailleurs. Mais, ce soir-là, tu t'es senti épié plus qu'à l'accoutumée.

Tu as regardé autour de ton lit. Ton sac d'école. Ton bureau. Le vieux fauteuil vert qu'un serviteur ministériel t'avait offert. Rien de vraiment rassurant sauf, comme aux premiers jours de ta vie, le vrombissement constant du ventilateur. S'il avait existé, Dieu lui aurait coupé le moteur pour mieux entendre tes pensées. C'est à ce moment-là que tu t'es lancé dans un nouveau genre de prière. Cette fois-ci à voix haute et debout plutôt qu'à genoux.

— On va dire que tu existes juste parce que là, c'est important que je sache que tu m'entends pour de vrai. Tu m'as pris ma mère. Maintenant si je veux l'avoir comme les autres enfants ont la leur, je dois croire en toi. T'es pas tanné de m'entendre faire semblant, hein? Tu trouves pas ça louche de m'espionner quand je prends ma douche? Regarde ma chambre: *Le livre rouge*, des périodiques, j'ai même une Bible… J'ai pas besoin de ton aide, OK? Je vais dire comme les gens pendant le porte-à-porte: je ne suis pas intéressé. Quand je te remercie pour la belle journée que j'ai eue, je mens. Je dis cela parce que ma mère m'a appris à le dire. Si tu existes vraiment, protège ma mère de toi. Et protège-moi de ma mère si elle croit en toi. En ce moment, elle est *fan* de toi comme les filles à l'école tripent sur Jon Bon Jovi, Joe Elliott ou LL Cool J. C'est pas normal. J'aurais moins de troubles si elle aimait à la folie Kenny G. Même si elle l'aime pas mal déjà, Kenny G. Mais, quand il s'agit de lui, au moins, ma mère ne crie pas sur tous les toits qu'elle écoute sa musique et elle ne veut pas que je l'écoute. Jéhovah ou pas Jéhovah, je m'en fous. C'est la dernière fois que je prie, même si je n'ai jamais prié pour de vrai.

La boule qui pesait habituellement sur ton ventre semblait soudain moins lourde. Elle prenait une pause. Cette prière a été ton premier contact réel avec Dieu. Le seul que tu connaîtras. Il n'est pas nécessaire de réciter par cœur le *Notre Père* pour que s'exauce une prière. Tu l'as toujours su.

31

Louis-Hippolyte Lafontaine

Ma mère a toujours été entêtée. Elle l'est encore plus depuis qu'elle est une Témoin de Jéhovah pratiquante. Comme un groupe de hyènes qui bataillent pour un morceau de carcasse, elle n'a pas lâché la proie que je suis.

Ma résistance à la prédication l'a amenée à se questionner sérieusement sur les raisons d'un tel refus. Elle a rapidement conclu que j'étais influençable. Je repense à ma théorie du miroir : chaque être humain doit être capable de se regarder en pleine face et de lire dans ses propres yeux afin de voir qui il est vraiment. Ma théorie du miroir exige de ne pas se raconter d'histoires ni de mensonges. Je constate que ma mère est très influencée par ses croyances dogmatiques. Elle est aveuglée au point de ne pas se voir dans son miroir.

À l'époque, elle me répétait incessamment, au point que je croyais devenir fou :

— 1 Corinthiens 15,33 dit : *Ne vous égarez pas. Les mauvaises compagnies ruinent les saines habitudes.*

J'ai organisé une soirée au salon de quilles Le Domaine près du métro Langelier. Sur ma liste d'invités, de jeunes Témoins de mon âge et quelques amis de l'Académie Dunton. Des gars et des filles. La maman Témoin d'une des jeunes demoiselles avait demandé aux Anciens de la congrégation de jeter un œil sur l'événement dangereux que je tentais d'organiser.

Le verdict des maîtres-penseurs jéhoviens a été l'annulation de la soirée. En tant qu'insti- gateur de l'événement, je suis devenu le faux prophète, l'apostat. Au point que, lors de la réunion suivante, les regards des Frères et des Sœurs étaient comme des épées acérées poin- tées vers moi.

Ce moment fort a donné des munitions à ma mère. À Frère Joly, elle a raconté que je m'écartais du troupeau, que je montrais des signes de rébellion, que je perdais peu à peu la foi, qu'elle me perdrait si aucune action stricte n'était envisagée. Il fut alors décidé que mon étude biblique personnelle serait dirigée par Frère Desmarais, un serviteur ministériel bien en vue. Des Anciens firent des visites impromp- tues chez nous. Et eut lieu un événement pour le moins insolite.

Frère Leighton, l'Ancien en puissance de l'époque, et Frère Desmarais m'ont invité au service. Mais, au lieu de m'obliger à faire du porte-à-porte, ils m'ont emmené visiter l'hôpital Louis-Hippolyte Lafontaine, un établissement spécialisé pour les malades mentaux. J'avoue qu'il existe à cet endroit de beaux cas à convertir. C'est et c'était pour moi inapproprié et irrespectueux.

On a marché dans tous les corridors, dans tous les recoins, à tous les étages. Pas un mot n'est sorti de la bouche des deux Témoins émérites. On a croisé des spécimens de tout acabit. Puis on est retournés s'asseoir dans l'auto. Frère Leighton a parlé le premier.

— Sais-tu pourquoi on t'a emmené ici?

— Aucune idée…

C'est plus fort que lui: un Témoin doit à tout prix citer la Bible dans chaque échange verbal.

— Souviens-toi de 1 Corinthiens 15,33: *Ne vous égarez pas. Les mauvaises compagnies ruinent les saines habitudes.*

— Ouin pis?

En utilisant une tactique proposée dans le livre *Comment raisonner à partir des Écritures*, le Frère Desmarais s'est rapproché de moi afin de créer un climat de confidences et de réconfort.

— Crois-tu que tu pourrais devenir comme ces fous si tu passais des semaines et des semaines sans sortir d'ici?

— J'sais pas…

À bien y penser aujourd'hui, je suis d'avis que leur raisonnement n'était pas si bête. À force de se côtoyer, les Témoins deviennent tous identiques, ils ont tous le cerveau bien nettoyé, ils s'habillent tous pareils, ils répètent tous le même message, ils participent tous aux mêmes activités. Oui, ils s'influencent mutuellement. Oui, ils sont influençables. Mais me faire visiter cet hôpital a été théâtral. Maman, où étais-tu pour les laisser faire cela?

— Fréquenter des jeunes du monde peut provoquer quelque chose de grave. Tu pourrais perdre ta foi en Jéhovah et devenir une brebis égarée.

— J'voulais juste jouer aux quilles.

— Est-ce pour cela que tu as crié à ta mère que tu ne ferais plus de porte-à-porte?

C'était Frère Leighton, qui reprenait le flambeau.

— La maman de Nancy était inquiète. T'es le seul jeune non baptisé de la congrégation. Depuis un certain temps, tu ne lèves plus la main pour répondre aux questions de l'étude. Ta mère nous a mentionné qu'elle avait beaucoup de difficultés avec toi.

Tu es demeuré muet.

— Il va falloir que tu changes. On ne peut se permettre de jouer avec le feu. Jéhovah demande un amour inconditionnel. L'aimes-tu, Jéhovah?

Toujours muet.

Je n'ai jamais compris pourquoi ils avaient tenté de m'expliquer par une telle mise en scène, bâclée de surcroît, les possibles résultats de l'influence des gens du monde.

Frère Leighton a démarré sa Toyota Tercel. Frère Desmarais m'a remis le livre de ma prochaine étude personnelle. J'ai regardé s'éloigner de moi l'hôpital Louis-Hippolyte Lafontaine.

Je n'étais pas assez fou pour y retourner.

Les Témoins venaient de prendre la place de ma mère en tentant de m'éduquer à leur manière en usant d'intimidation. Est-ce acceptable pour Jéhovah d'intimider un enfant? J'étais révolté et en même temps cela accentuait le fait que d'un côté il y avait moi et de l'autre les Témoins, leurs croyances et leur façon de faire malsaine.

En apparence, je baissais pavillon, apeuré devant les tout-puissants. Mais, à l'intérieur de moi, la rage grandissait, elle m'envahissait. Je prenais de plus en plus conscience que je devais agir pour ne pas devenir fou en subissant l'influence des Témoins.

Les accepte-t-on comme patients à Louis-Hippolyte Lafontaine?

32

Oui

Tu as dressé la liste des pour et des contre. David contre Goliath. Poids plume contre poids lourd. Secourir ta mère ou te libérer du mal, ou même les deux. Ton histoire a commencé au moment du référendum de 1980 et le destin, même si tu ne croiras jamais à son existence, te laissera, ainsi qu'au Québec, une deuxième chance d'être maître chez toi et maître de toi.

Tu t'es longuement interrogé sur la façon dont réagirait ta mère. Le spectre de son suicide continuait à te terrifier. Tu as toujours tenu à lui plaire pour éviter qu'elle souffre davantage. Tu te sentais redevable du fait qu'elle t'ait donné la vie. Mais tu venais de sacrifier près des deux tiers de celle-ci pour elle. Pour sa cause. Pour ses croyances. Pour ses convictions. Penser à toi était devenu quelque chose d'inadmissible et d'invraisemblable. Et personne nulle part, que ce soit dans ta famille ou à l'école, ne t'a suggéré de le faire.

Tous ont laissé dégénérer la situation qui, après toutes ces années, est devenue normale. La réalité. Ta réalité. Depuis toujours, tu pensais aux autres. Consoler ta mère quand elle pleurait. Ne pas ennuyer ton père pour éviter ses crises de nerfs. Et tu pensais aux autres aussi dans les petits moments de la vie. Cela te permettait de te faire aimer. Tu n'avais rien de plus à offrir. Comment quelqu'un pouvait-il t'estimer alors que tu n'étais personne ? Aime-toi et les autres t'aimeront. Cet axiome t'habitait autant que les versets de la Bible, même si on ne te l'avait jamais enseigné. Comment t'aimer si tu ne savais pas qui tu aimais ?

Le seul pour de ta liste, ta seule vraie raison de rester près de ta mère, c'était ton désir de la préserver de son mal de vivre et surtout de l'empêcher de se suicider. Cependant, même ta présence ne l'empêchait pas complètement de sombrer dans la tristesse et le désespoir. Tous les autres points de ta liste se rangeaient du côté du contre. Une série infinie de non. Non à tes rêves. Non à tes goûts. Non à tes envies. Non à tes ambitions. Non à toi. C'était le triomphe du non contre la souveraineté avec un pourcentage digne de D'Arcy-McGee, cette fameuse circonscription de l'ouest de Montréal.

Choisir de nager à contre-courant demande plus qu'un effort surhumain. S'aventurer dans l'inconnu, se lancer dans le vide exige du courage. Juste du courage. Pour gagner une médaille olympique au cent mètres, pour remporter le Tour de France sept fois, pour cumuler soixante-treize circuits en une saison dans les ligues majeures; il existe pour tout cela une potion magique. Pour dire oui à tout ce qu'on te refuse, il n'y a rien d'autre que le courage de le dire. Oui à tes rêves. Oui à tes goûts. Oui à tes envies. Oui à tes ambitions. Oui à toi.

OUI.

33

Les quatre saisons

L'été, la chaleur du petit logement de la rue Desmarteau était insoutenable. Le peu de fenêtres me faisait manquer d'oxygène. Il y avait encore moins d'espace pour respirer quand mon père et ma mère s'échauffaient avant la bataille, les cris et les pleurs. Dans ces moments-là, je m'enterrais sous les coussins orange et vert du minuscule salon avec mon chat Minime. Les mots destructeurs de mon père et les larmes désarmées de ma mère résonnaient en harmonie avec les coups d'archet des violons de Vivaldi qui emplissaient l'appartement de leur musique.

J'ai toujours entretenu une relation particulière avec ce compositeur italien. D'abord parce que c'est lui qui a initié mes oreilles au classique. Ensuite, parce qu'il me fait plonger dans mes cauchemars d'enfant chaque fois que ses concertos percutent mes tympans.

Néanmoins, je ressens souvent le besoin de le faire jouer encore aujourd'hui. Ce n'est pas qu'il me rassure, loin de là, mais il a marqué une étape de ma vie. Je suis peut-être masochiste. Ou peut-être pas. Je dois plonger dans mes souffrances pour mieux les comprendre et, surtout, les apprivoiser.

L'automne et ses feuilles qui tombent me rappellent des moments encore bien vivants en moi : mes parents m'emmenaient au Jardin botanique ; je portais souvent des pantalons beiges en velours côtelé et un chandail de laine qui me piquait la peau. L'automne, c'est aussi ces soirs où je flattais Minime – il en aurait à raconter, lui, s'il avait neuf vies – et où mon père et ma mère ne hurlaient pas. Aucun vacarme. Le silence. Non, il y avait le ronronnement de mon chat. Et, en filigrane, l'œuvre du surnommé *il Prete Rosso*. Mais, pour moi, c'était le silence qui dirigeait l'orchestre. Pour un rare instant, je me rappelle avoir savouré autrement cette œuvre. Mais elle me déstabilisait tout autant, car elle me faisait errer en terrains inconnus.

Je connaissais davantage l'hiver. Parce que j'aimais le hockey. Parce que j'aimais avaler des flocons de neige. Parce que je n'avais pas peur du froid. L'introduction de ce concerto est saisissante. Elle me dit de ne pas lâcher malgré les tempêtes. Ce rythme soutenu des archets sur les cordes représente pour moi ma longue marche vers la délivrance.

Mais cette délivrance, pour moi, c'est le printemps. Je suis devenu père en avril 2009. La naissance de Théo marque la renaissance de Vivaldi dans ma vie. Je ne sais pas trop pourquoi, mais j'ai eu envie de partager ce lyrisme musical avec lui dès qu'il a trouvé sa niche dans l'utérus d'Anissa. Comme si c'était un cordon ombilical paternel par lequel je lui transmettais toute la gamme des émotions qui jouent encore en moi.

Quand Théo s'amuse dans sa salle de jeu avec ses petites autos Hot Wheels – il n'a pas de Trans Am noire 1979 avec un aigle sur le capot – et qu'il me demande de faire jouer le CD du virtuose baroque, je me revois aussitôt à son âge et je me dis que cette musique ne résonnera jamais en lui de la même façon qu'elle a résonné en moi.

Merci, parrain Daniel.
Je t'aime.

C'est le cerveau souillé par les versets de la Bible, les articles de Réveillez-vous! *et toutes les lectures obligatoires des Témoins que je l'écoutais me parler de l'*URSS, *de la Lune, des galaxies, d'haltérophilie, de jogging, des fourmis, de Genesis, de Jethro Tull. Il avait une réponse à toutes mes questions, peu importait le sujet.*

Il s'appelait Daniel et il était mon parrain. Il avait été champion canadien d'haltérophilie junior, il était propriétaire du magasin de disques Musicomaniac sur la rue Sainte-Catherine, il avait lu Le Capital *et* Salaire *de Karl Marx, il avait couru le Marathon de Montréal, il collectionnait les timbres. Pour ne pas perdre le peu d'identité qu'il me restait, je retenais tout ce qu'il me racontait. Il était libre d'esprit et m'a montré comment le devenir à mon tour. Les moments passés en sa compagnie me faisaient du bien. Je n'étais plus un enfant Témoin, mais un enfant comme un autre.*

Je fondais beaucoup d'espoir sur lui. Je le croyais capable de trouver les arguments pour réfuter les thèses les plus délirantes, surtout celles des Témoins. Ses énoncés passionnés amenaient ses interlocuteurs à douter et à réfléchir. C'était exactement ce dont ma mère avait besoin pour se ressaisir enfin. Du moins, c'est ce que j'espérais.

Devant toute la famille lors d'un souper chez grand-mère et grand-père, il avait un jour prouvé que l'homme était le fruit de l'évolution et non la création de Dieu, qu'il se nomme Jéhovah ou non. Même les plus catholiques autour de la table abdiquèrent. Mais la foi de ma mère resta droite comme une tour de garde. Inébranlable.

J'aurais voulu qu'il existe en elle un espace non souillé d'où un esprit logique pourrait émerger pour qu'elle redevienne une mère comme les autres. Hélas! Même mon parrain échouait à la faire raisonner. Mais il ne lâchait jamais prise. Chaque fois que se présentait l'occasion, il l'attaquait. Et, chaque fois, je désirais fortement qu'il gagne cette guerre.

Quand mon oncle Stéphane et moi avons pris la décision de le débrancher du respirateur artificiel qui le maintenait en vie, lui qui avait été victime d'un accident de voiture, j'ai compris que le moment était venu pour moi de suivre ses traces. Comme lui, j'ai appris à penser.

Merci, parrain Daniel. Je t'aime.

34

Ta genèse

Si donc quelqu'un sait faire ce qui est juste et pourtant ne le fait pas, c'est un péché pour lui. Ce sont les mots imprimés noir sur blanc dans Jacques 4, verset 17. Ce sont aussi les mots que te mentionne en boucle ta mère depuis un bon moment. Ajoute à cela Matthieu 24,14; Psaumes 83,18; Révélation 21,4; 1 Jean 4,8; Proverbes 14,2; 2 Timothée 4,5; Jude 1,21; Galates 5,22; 23 Éphésiens 6,1; et bien d'autres encore. Mais toi, tu préfères plonger dans l'univers de Jean Roba et suivre les péripéties de *Boule et Bill*.

Allongé sur la couette bleu ciel de ton lit à une place, tu regardes Minime. Il est chanceux, ce chat: ta mère le laisse tranquille, ne l'ennuie pas avec ses histoires de Témoin. Il est libre. Minime s'approche de toi, il veut des caresses, il ronronne. Vous vous endormez. Dans sa tête, il rugit comme un félin. Comme lui, tu accèdes au pays des rêves.

C'est 3-3. Encore vingt-deux secondes à la troisième période. La mise au jeu dans votre zone. Tu demandes à l'entraîneur d'aller sur la glace. Il te fait confiance. Tu remportes le duel et envoies la rondelle sur la bande. Ton coéquipier la récupère et fonce à l'aile gauche en franchissant la ligne bleue adverse. Le défenseur le suit. La voie est libre. Habituellement, ton coéquipier «mange la *puck*». Par miracle, il te fait cette fois une passe exactement sur la palette. Tu as l'habitude de déjouer le gardien du côté droit en driblant. Mais là, tu tires au coin supérieur gauche. Le champion du style papillon n'a rien vu. 4-3. Victoire.

Ta mère te réveille.

— C'est l'heure.

Heureusement, ce n'est pas encore l'heure du Jugement dernier. Mais tu dois aller annoncer son arrivée imminente. Comme tous les samedis matins. Le traditionnel porte-à-porte.

— J'y vais pas!

— Allez, Jéhovah a besoin de nous. Rappelle-toi ce qui est écrit dans Matthieu 24 verset…

Jamais tu n'as bondi hors de ton lit si rapidement. Même Minime a sursauté.

— Arrête avec tes versets à la con. Parle-moé avec tes mots à toé. J'pus capable, tu comprends-tu ça? J'en ai marre, j'veux pu faire du porte-à-porte pis aller à la Salle… Arrête aussi de me répéter toujours la même chose. Tu entends, là, hein? Toujours, j'ai dit. Tu me dis toujours les mêmes affaires. Tu m'énarves. J'peux-tu vivre moé aussi ? J'ai-tu le droit juste un peu d'être quelqu'un d'autre qu'un p'tit Témoin de Jéhovah ? On s'en fout, de la foi en Dieu, ça change rien. Vas-y, toé, déranger l'monde avec ton paradis. T'as-tu pensé comment ça s'peut pas, tes histoires ? T'as voulu te suicider, t'aurais dû le faire, au moins j'serais pas icitte à pas savoir chu qui… Tu m'connais même pas. Sais-tu que j'crois à rien de ce que tu crois ? Quand on va à l'assemblée au stade, j'donne mon nom pour livrer les sandwichs. Au moins, j'peux être ailleurs qu'assis à écouter le Frère Shostak. Des fois, aux portes, j'fais semblant de sonner pour pas que personne réponde. Je souligne n'importe quelle phrase dans *Tour de Garde* pour que tu penses que je l'ai lu. J'me suis déjà masturbé dans les toilettes à la Salle pour que ça passe plus vite. Que Jésus soit mort sur une croix ou sur un poteau, ça change rien. C'est une parabole, pis j'serai jamais comme Marc pis Mélanie, pis pas plus missionnaire en Afrique. C'est maintenant que j'te le dis : c'est fini, F-I-N-I. C'est pas compliqué là, c'est clair que t'entends même si ça vient pas d'la Bible. Y va arriver quoi après ? On s'en fout, la vie c'est pas éternel comme tu l'penses, pis arrête de me r'garder comme si j'étais pas ton fils, comme si j'étais Satan. Ça aussi, y en pas, de diable. Sors donc de ta bulle. T'es qui, toé, dans l'fond ? Ah oui, une pionnière auxiliaire. Trop drôle… Arrête. OK? J'y vais pas!

Tu as craché tous ces mots sans bégayer. Ta mère ne t'a pas interrompu. C'est sorti de ta bouche avec la force d'un ouragan de catégorie 5. Intense comme le typhon Tip. Tu n'as pas prêché la bonne nouvelle. Ta mère non plus. Elle est restée dans sa chambre. Toi dans la tienne. Avec *Boule et Bill*. Et Minime. Pour la première fois, la lourde boule dans ton ventre avait disparu.

GENÈSE 1,1.
TON DÉBUT.
TA RÉBELLION.
ENFIN.

35

Vive la liberté, vive l'indépendance

Pour réfléchir au geste que j'allais poser, je me suis caché dans ma garde-robe près d'un sac Glad où j'avais entassé mes chemises et mes cravates. J'avais aussi rempli mon sac d'école, mon sac de hockey jamais utilisé et un grand sac de plastique de Rossy avec tous mes chandails, ma paire de jeans délavés, mes pantalons en coton ouaté, mes bandes dessinées de *Boule et Bill*, mes cahiers de collants O-Pee-Chee, mon matériel scolaire, mes cassettes de musique, ma casquette des Bulls, mon ventilateur, mes photos d'enfance et mes souvenirs. Et aussi ma Trans Am noire 1979 avec un aigle sur le capot.

Je suis sorti de ma chambre les bras pleins et, dans la cuisine, j'ai pris la radio que mon grand-père nous avait prêtée quand la nôtre avait fait défaut. Ma mère se berçait sans même lire un article de *Tour de Garde*. Je voyais la tristesse dans son regard. Moi aussi, j'avais le cœur en miettes. Je quittais celle qui m'avait mis au monde pour pouvoir enfin découvrir qui j'étais. J'abandonnais le mandat que je m'étais confié, soit celui de la protéger, de la sauver, d'empêcher qu'elle ne se suicide. J'enfouissais – sans trop savoir dans quoi – les croyances que je voulais oublier. Ma mère demeurait muette. Je ne savais quoi lui dire.

— On va se r'voir, m'man, je vais t'appeler quand j'arriverai…

Je me suis dirigé vers elle et je l'ai serrée dans mes bras. J'aurais aimé être capable de lui dire d'abandonner les Témoins, de la convaincre que le bonheur ne se trouve pas au paradis, de la tranquilliser et d'apaiser toutes les peines qui grondaient en elle, de lui dire que je l'aimais. Je n'ai pas pu. Je devais m'aimer avant tout. Me découvrir. M'examiner de fond en comble, surtout ma tête. Me regarder dans le miroir. Je me sentais comme le jour où mon père est parti après son divorce avec ma mère. J'étais aussi déchiré que lui. La séparation, le départ, me faisait souffrir. Je revoyais mon père dans le couloir de la rue Desmarteau hurler qu'il tenait à moi.

Abandonner ma mère a été une deuxième déchirure. Il est inhumain de grandir sans ses parents. Cette rupture m'a fait longtemps souffrir. Probablement parce que je craignais le vide, l'absence. Mais ce trop-plein d'espace avait pour mission de me dévoiler. Je préférais exister en terrain inconnu plutôt que respirer l'air étrange que respirait ma mère. Cependant, la somme des souffrances, des peines, des doutes, des frustrations, des hontes que m'a fait subir la vie de Témoin de Jéhovah était bien plus grande que la crainte de la coupure. Falardeau disait qu'il valait mieux mourir debout que vivre à genoux. Je n'avais plus d'autre choix que celui de partir. Je suis parti.

Mon père m'attendait dans l'Econoline qu'il avait emprunté à son patron. Il est sorti pour m'aider à transporter ma commode. Du coin de l'œil, j'ai vu ma mère qui nous regardait, debout dans l'embrasure de la porte du balcon. J'étais content de partir, mais je m'ennuyais déjà d'elle. Pas de ses Témoins. Pas de ses croyances. J'imaginais juste ce qu'aurait été ma vie si elle n'avait pas été celle que je vivais. Je n'ai jamais regretté ma décision. J'ai juste dit adieu à ma vie qui, même si elle n'était pas à mon image, était bel et bien la mienne. C'était mon histoire, elle m'appartenait. Mais il me fallait m'effacer pour mieux renaître. Ne plus être. N'être rien. Et apprendre à être libre jusqu'au bout de moi.

Dans ma mémoire, il y avait «le matin pas comme les autres», l'autobus 187, la 32e Avenue, le porte-à-porte, les réunions, les pauses au Dunkin', les *Réveillez-vous!,* les versets bibliques, les études de livres, les malaises à l'école, la double vie, le baptême de ma mère, les assemblées au Stade olympique, les Anciens, les cantiques, les prières, les discours, les interdits. Il y avait tout cela mélangé. Comme Aron Ralston avec son bras coincé sous une roche, je voyais défiler mon passé dans ma tête. Il a choisi de vivre amputé d'un bras au lieu de mourir avec celui-ci. Il a revu sa vie. Il est devenu libre. Libre d'agir juste pour lui.

J'ai fait le même choix. J'ai choisi de vivre amputé de mon enfance au lieu de mourir sans faire ma connaissance. C'est en revoyant les images de ma vie que je suis devenu libre pour la première fois.

Vive ma liberté, vive mon indépendance !

36

Knock-out

Tu n'as jamais trouvé simples les échanges avec ta mère. Elle porte les œillères de ses convictions. Elle détient la vérité, peu importent tes arguments. Chaque fois que tu détectes une faille dans sa pyramide d'espérance, elle cite un verset des Saintes Écritures. Tout un duel. Le réel contre le fictif, le factuel contre l'illusion. Plus violent qu'un combat dans l'octogone. C'est un affrontement sans issue.

Tu as toujours souhaité que ta mère se réveille. Tu le souhaites encore. À dix-huit ans, tu as tenu la promesse que tu t'étais faite plus jeune, soit de lui faire mettre en doute ses convictions religieuses.

Ce jour-là, ta mère se maquillait dans la salle de bain. Tu feuilletais un journal dans la cuisine. Comme chaque fois que tu la visitais, votre discussion portait sur sa religion. La fausse joute se jouait dans les normes. Dans le coin bleu, un athée. Dans le coin rouge, une Témoin. Nombre de rounds : illimité. Après des séries de frappes qui sont tombées à plat, un arbitre aurait déclaré nul ce duel. Les adversaires seraient rentrés au bercail. On aurait fermé les livres. Mais que fait-on quand il n'y pas d'arbitre ?

Sans réfléchir à la portée de l'acte que tu allais poser, tu as sorti ton plus grand coup, un uppercut offensant. Elle l'a reçu en pleine face. Elle n'a pas eu le choix d'y faire face.

— M'man, si jamais tu t'aperçois que tout cela est faux, que ça n'existe pas, tu feras quoi ?

Silence.

Un uppercut surprend à tout coup. Il vous fait perdre connaissance quelques longues secondes. Demandez à tous les opposants de Mike Tyson. Certains ont sûrement cru perdre leur cerveau. Tu venais de sonner ta mère.

Silence, puis :

— Si c'est pas vrai, je veux pas le savoir. Je vais faire quoi si c'est pas vrai… Je vais faire quoi, hein ? Ça fait trop longtemps que j'y crois. Ça ne peut pas ne pas être vrai.

Puis elle a pleuré. Long silence.

Tu venais de ressentir la même sensation que tous les grands cogneurs du noble art. La satisfaction de la victoire. Mais aussi beaucoup d'empathie. Sergey Kovalev a dû en ressentir quand il a tué sans le vouloir Roman Simakov au combat.

Te faire révéler la plus grande faiblesse de ta mère t'a écorché le cœur à jamais. Subir son désespoir infini t'a rempli de tristesse. De déception aussi. Tu venais de comprendre qu'elle ne changerait pas. Elle est prise en enfer. Dans *I lost my baby*, Jean Leloup chante: «Ah je ne peux vivre sans toi/ Et je ne peux vivre avec toi». Ta mère te révélait qu'elle ne pouvait vivre sans Dieu et qu'elle ne pouvait vivre avec l'idée qu'il n'existe pas. Ta mère était condamnée au malheur dans les deux cas.

À dix-huit ans, tu as raccroché tes gants.

37

Pensée culte

Peu importe notre âge, notre sexe, nos origines, nous sommes tous attirés par certaines choses précises. Un film, un livre, une chanson, un mets, une émission, un personnage. Au début, on fouille, on creuse, on satisfait notre curiosité. On s'attache, on se compare, on s'imbibe, on s'approprie. C'est dorénavant notre film, notre livre, notre chanson, notre mets, notre émission, notre personnage.

Ma mère a vécu la même progression avec ses croyances religieuses. Elle a fouillé, elle a creusé, elle a satisfait sa curiosité. Elle s'est attachée, elle s'est comparée, elle s'est imbibée, elle se les est appropriées. Les Témoins de Jéhovah sont devenus sa religion. Elle s'est identifiée au mouvement par des gestes concrets. Elle a entièrement transformé son mode de vie pour s'y conformer, comme si elle n'avait jamais existé auparavant. Ma mère venait de découvrir LA vérité. C'est là que s'entame sa chute. Son cortex gauche a perdu la notion de gravité, il a oublié toute forme de rationalité.

J'aime *The Tree of Life*, j'aime *Nègres blancs d'Amérique*, j'aime *Groove grave*, j'aime le pâté chinois, j'aime *Dexter*, j'aime Papineau, mais je sais qu'il y a d'autres films, d'autres livres, d'autres chansons, d'autres mets, d'autres émissions, d'autres personnages. L'amour de ma mère, c'est sa religion et, pour elle, il n'existe pas d'autres façons de penser et de voir la vie. Ce sont les Témoins ou rien. Rien de moins.

C'est comme cela que je m'explique son utilisation de la baguette de la discipline. Ma mère demeure une personne remplie d'amour et de bonté. Sa métamorphose jéhovienne influence ses réflexions. Ce n'est plus elle qui raisonne. Hypnotisée par les Saintes Écritures, elle ne conçoit rien d'autre de bon. Dévouée corps et âme et esprit à Jéhovah, elle est prête à tout pour connaître la vie éternelle au paradis. Elle a remplacé la formulation du jeu «Jean dit» par «Dieu dit». Dieu dit: *Prêchez la bonne nouvelle*. Elle prêche la bonne nouvelle. Dieu dit: *Refusez les transfusions sanguines*. Elle refuse les transfusions sanguines. Dieu dit: *Utilisez la baguette de la discipline*. Elle utilise la baguette de la discipline.

Hitler a tué près de six millions de juifs. Roch Thériault a mutilé Gabrielle Lavallée et les membres de sa secte. Leurs convictions étaient si fortes qu'ils avaient perdu le sens de la réalité. Ils étaient prêts à aller jusqu'au bout de leurs croyances. Je ne compare pas ma mère à ces gens. Cependant, en vivant sa Vérité jusqu'au bout, ma mère m'a fait mourir. En me disant quoi penser, comment penser, à qui penser. En utilisant la baguette de la discipline.

La souffrance physique était tolérable. Disons un intense duel de mains chaudes. C'est plutôt le geste et la situation qui me faisaient frémir. Comment une mère pouvait-elle perdre à ce point l'espace d'un instant son amour pour son fils? Aucun enfant ne mérite le supplice de la baguette. On a même proscrit l'utilisation de la règle comme moyen de discipline à l'école.

Je n'ai jamais fait le décompte des coups de baguette de bois que j'ai reçus ni celui des baguettes de bois fracassées. Mais je me rappellerai toujours l'état dans lequel je plongeais juste avant de devenir le mannequin d'entraînement de ma mère transformée en combattante kendo. Déjà que je n'étais pas celui que je voulais être, je me sentais rabaissé encore plus. Six pieds sous terre. Humilié par celle qui me répétait sans cesse que «Dieu est amour»; ma mémoire marquée me rappelle ces mots de 1 Jean 4,8. Ma mère hésitait à tuer un insecte, mais elle acceptait de me frapper. Absence de logique. Perte de jugement. Elle répondait comme un robot aux commandes de Jéhovah. C'est le danger de la foi sans limites. Une forme de fanatisme. Il y a là un profond sujet d'étude.

Dernièrement, j'ai proposé à ma mère de se regarder dans le miroir. Physiquement. Mentalement. Elle s'est exécutée. Elle n'a rien vu d'insensé. Juste du normal. Tout va bien dans le monde finalement. Dieu n'a pas à s'inquiéter. Plusieurs ne l'ont pas encore démasqué.

Pour moi, il y a des films cultes, des livres cultes, des chansons cultes, des émissions cultes, des personnages cultes. Pour ma mère et ses Témoins, il y a une pensée culte. Une pensée culte qui leur dicte quels films regarder, quels livres lire, quelles chansons écouter, quelles émissions regarder, quelles personnes admirer.

38

À confesse

Tu venais de renoncer à ton passé, celui qui t'avait détruit, celui qui ne te reflétait en rien. Vivre avec une mère Témoin a modelé chez toi une personnalité d'enfant Témoin qui ne voulait pas en être un. Souviens-toi de ce que c'était, ne l'oublie jamais. Pour matérialiser le dessein de tes gènes, tu dois plonger dans tes vérités. Tu dois t'avouer ce que toi seul connais. Tu as vécu plus de dix ans bercé par les illusions de ta mère, mais tes actions et tes pensées pendant ces années-là ont été réelles, même si tu aurais préféré les rêver. Goethe disait que «la vérité guérit le mal qu'elle a pu causer». Approche-toi du miroir, regarde-toi et parle-toi. Retire tous tes masques. Si tu es franc avec toi, tu connaîtras enfin ce que signifie le mot «bonheur».

Tu regrettes d'avoir fouillé dans la commode de ton oncle Stéphane pour lui voler ses économies. Pour avoir un instant un mode de vie qui t'était refusé. Pour ne pas laisser paraître qui tu étais vraiment, tu t'es acheté trois casquettes Starter, des souliers Black Knight, un baladeur Sony Sports jaune à cassette *auto-reverse*, un manteau Adidas bleu, trois jeux Nintendo, des poutines à la cantine Chez Roger de la rue Hochelaga, des parties d'arcade à la Place Versailles, une bague avec tes initiales chez Distribution aux consommateurs. Et tu offrais des cadeaux à tes amis, qui étaient avec toi parce que tu leur offrais des cadeaux. C'était ton moyen pour te faire aimer malgré ton handicap, malgré le fait que tu sois un Témoin.

C'était plus fort que toi, tu devais agir ainsi. Pour t'oublier, oublier ta situation, oublier ta honte, oublier les réunions, oublier le porte-à-porte, oublier ta mère. Tu ne t'étais pas imaginé te faire prendre sitôt la main dans les liasses de vingt dollars. Tu as nié, mais rien n'est plus fort que la vérité quand le mensonge est mensonge. Tu as payé. En argent. En humiliation. Et presque de ta peau quand un jour dans un wagon du métro un groupe de quatre jeunes t'a intimidé et taxé pour repartir avec le manteau Adidas bleu qui, au fond, ne t'a jamais appartenu. Hasard ou destinée, tu t'es fait ensuite fracturer ton casier d'école. Un camarade t'a volé ton baladeur et tes jeux Nintendo. L'école de la vie fut pour toi plus instructive que l'école théocratique.

Tu regrettes d'avoir été incapable de faire comprendre à ta mère que ses croyances n'étaient pas pour toi. Les années où tu as vécu avec elle en tenant le rôle d'un bon petit Témoin de Jéhovah n'ont été qu'une suite de conflits. Chaque fois qu'une guerre verbale se terminait, tu allais t'étendre sur la couette de ton lit une place, le cœur saignant, les yeux inondés. Ta gorge te brûlait tellement, tes pleurs étaient vifs. Tu aurais préféré qu'elle comprenne ou plutôt qu'elle devine que cette vie ne te correspondait en rien. Et le spectre de son possible suicide flottait aux alentours. Chaque fois que tu te retrouvais plongé dans cet état, tu craignais que ta mère descende six pieds sous terre. Était-ce une querelle de trop pour elle? Suivais-tu les traces paternelles?

Tu regrettes d'avoir perdu ton temps à rêver. C'était une sortie de secours facile et utile, mais tu sais qu'elle t'a fait perdre du temps, ton temps. Dans ta tête, tu t'es vu joueur de hockey si souvent que tu y as cru. Encore plus qu'aux fabulations que tu racontais à ton confrère Gabriel. Oui, tu as joué une saison dans les Bébittes de l'Organisation des jeunes sportifs de Tétreaultville à l'aréna Clément-Jetté, une saison dans le Pee-Wee récréation avec les Sabres de Farnham et une dernière au bantam local. Rien d'autre. Même si tu as eu plus tard l'occasion de jouer plus sérieusement au hockey.

L'été qui a suivi ton passage chez les Pee-Wee et ton apprentissage à l'école de hockey Stéphane Monfette à Granby – le cadeau précieux que ton père t'avait offert –, tu regrettes d'avoir refusé l'invitation de l'entraîneur des Jets, le club élite du village. Tu as répondu non pour pouvoir voir plus souvent Isabelle, ta première blonde, que tu avais rencontrée à la Saint-Jean-Baptiste le même été. Tu regrettes tes carences émotives. Elles ont si longtemps influencé tes décisions. Tu regrettes ce rêve inachevé. Tu ne pourras jamais regagner le temps qu'elles t'ont fait perdre.

Tu regrettes d'avoir craint les séparations. Le détachement t'a meurtri. La solitude a été ton alliée comme elle l'est plausiblement pour tous les enfants uniques. Tu aimais te retrouver seul dans ta tête loin de toute emprise extérieure. Mais le divorce de tes parents et l'inconfort familial constant créé par une vie d'enfant noyé dans les Salles du Royaume et les assemblées de circonscription ont tué ce qui pouvait encore survivre de confiance en toi. Comme tu n'existais que dans ta tête, tu avais besoin constamment du réconfort d'une présence, même celle de ta mère Témoin. Tu te suspendais à ce crochet pour éviter le précipice, alors que le précipice était la religion de ta mère. Tu regrettes cette sensibilité irrépressible et cette envie de ne jamais déplaire. Tu t'es attaché alors que tu aurais pu avancer.

Tu regrettes tes mauvais choix. Il y en a eu plusieurs. Quand tu parvenais à en faire… Les Témoins ne t'enseignaient pas l'art de la décision. Ils choisissaient à ta place. Et à la place de ta mère, qui choisissait pour toi.

Tu regrettes de ressembler parfois à ta mère, parfois à ton père et parfois aux deux. Tu préférerais toujours ne jamais t'identifier à eux et à leurs travers.

Tu regrettes de regretter. C'est là que la roue commence à tourner. Tu sombres dans la mélancolie. Cet état affectif qui a fait mourir Artax dans *L'histoire sans fin*.

Approche-toi du miroir, regarde-toi et parle-toi.

Quand tu cesseras de regretter, tu retrouveras qui tu es. Souviens-toi d'où tu viens et un jour tu seras.

39

Que sont-ils devenus ?

Il y avait Ian, Mélanie, Julie, Marie-Ève, Ronald, Karine. Et il y en avait d'autres. Je les fréquentais à la Salle du Royaume, aux études du Livre, aux assemblées et dans les soupers de Témoins. Comme ils étaient des enfants, jamais je ne faisais équipe avec eux les samedis matins de porte-à-porte.

Ian, c'est celui avec qui je faisais les quatre cents coups. Mélanie, c'est celle qui m'a accueilli à l'arrêt du Blue Bird quand ma mère m'a fait changer d'école en deuxième année. Julie, plus vieille d'un an ou deux que moi, était une fille pour qui personne ne pouvait s'empêcher d'«avoir le béguin.» Sa sœur Marie-Ève était charmante, elle aussi. Ronald, le cadet du groupe, et sa grande sœur de mon âge, Karine, m'ont permis de rencontrer la Portugaise qui *skippait* les classes de physique avec moi et avec qui j'ai réussi mon premier cours de chimie… corporelle.

À trente ans, j'étais devenu réalisateur pour la télévision. Et Ian, Mélanie, Julie, Marie-Ève, Ronald et Karine, qu'étaient-ils devenus ? Les réseaux sociaux m'ont permis de les retrouver, sauf un, Ian. Par l'entremise de ma mère, j'ai obtenu le numéro de téléphone de ses parents, que je me suis empressé d'appeler.

— Y habite Montréal, y fait pas grand-chose… Toi, qu'est-ce que tu deviens ?

— Ça va, je deviens ce que j'aurais dû être… Mais Ian, où je peux le joindre ?

Son père m'a donné son numéro de cellulaire.

J'ai revu Ian dans un pub du sud de la métropole. Il affichait le même air que quand nous jouions au baseball avec une balle de tennis et mon bâton rouge des Expos dans la cour de l'école La Vérendrye au lieu d'étudier les mathématiques à l'Académie Dunton. À peine cinq minutes de conversation me l'ont fait voir autrement. Lui, il n'avait pas encore retrouvé sa jeunesse volée par les Témoins. Pour fuir, il s'est drogué. Il se drogue toujours. Je me suis éloigné quand il m'a demandé de lui prêter un peu d'argent. J'ai compris dans quel cercle vicieux il était pris. J'ai assez tourné en rond pour savoir que je dois me diriger droit devant.

En retournant vers mon appartement de la rue Hutchison, j'ai compris que j'étais un miraculé, comme un lépreux qui cicatrise. Je suis devenu moi alors que d'autres se cherchent toujours. Certains remercient le ciel pour une bonne nouvelle, moi je garde les pieds sur terre. J'aime la vie, c'est déjà beaucoup.

40

Tu es moi

Tu es ressuscité d'entre les morts, comme le Christ. À trente ans, tu t'es affranchi du joug des Témoins. Tu es ce qu'on appelle un combattant, un acharné, un têtu. Un têtu comme ta mère. Mais pas pour les mêmes raisons, heureusement. C'est son entêtement qui existe en toi. Pas sa foi. Pas ses croyances. Pas Jéhovah.

Tu es quelqu'un d'autre que celui que tu imaginais être dans ton monde parallèle. L'important est que tu sois. Tu as mis tellement de temps à être.

Tu restes à jamais blessé par cette vie perdue dans le néant. Ce passé t'habite encore, il t'habitera jusqu'à ce que tu deviennes poussière.

Tu es libre. Libre de ce qui t'a empêché d'avancer. Libre de ce qui t'a enlevé ta liberté. Libre comme l'enfant que tu aurais dû être.

Pour tuer ce que tu n'es plus, tu peux entonner ces mots comme une dernière prière :

J'suis un hors-la-loi de Dieu
À ses lois je dis adieu
Dans mes écrits
J'passe aux aveux toutes mes blessures je crie

J'suis un hors-la-loi de Dieu
À vos lois je dis adieu
Attention
Je vis je m'amène et que mon règne vienne

Ces toc-toc sur les portes
Qu'on transporte de porte en porte
Résonne à mes oreilles le tic-tac de ma raison
   morte
Pendant la saison forte
Vous jouez au hockey dans la rue
Alors que c'est sur les sonnettes
   que moi je me rue
Avec ma mère, la Sœur, la Témoin
Loin d'être une âme sœur pour moi
   le moins que rien
Pendant les trois périodes
Je lis des périodiques
La Bible pis prie le Christ
Crisse !
Poteau ou croix
Peu importe à quoi tu crois
L'important c'est que je croisse
Et surtout que je grandisse
Ma foi !
Pour toutes les fois où j'ai pilé sur moi
C'est pas vrai que sous mon toit
L'enfer existe

Amen! Non

Amen!

Amen! Non

Amen!

La cravate me serre le cou
Suspendu au-dessus d'la crevasse
J'me débats comme un pendu
Dans ce vide meurent tous mes coups
C'est la pénombre autour de moi
Que mon ombre
Je sens que je sombre dans l'abîme,
      mon existence s'abîme
En prime, une méga déprime
J'vous l'assure, c'pas pour la frime
Pour le moment, rien qui rime
C'pas au Seigneur que j'm'arrime
Barré du paradis
L'égaré qui perd son habit
Fera la guerre à vos théories
Et dénoncera votre parti pris

J'suis un hors-la-loi de Dieu
À ses lois je dis adieu
Dans mes écrits
J'passe aux aveux toutes mes blessures je crie

J'suis un hors-la-loi de Dieu
À vos lois je dis adieu
Attention
Je vis je m'amène et que mon règne vienne

Un rescapé suis-je peut-être?
Y a quoi au fond de mon être?
Pas tout souillé j'imagine
Vite que je t'assassine
Enfin mettre fin à ce tour de magie divine
Toutes ces années à compter
    les jours à m'imaginer
Que viendrait mon tour
Me faire entendre auprès des sourds
Vous m'avez scarifié comme la proie d'un vautour
Mon enfance j'ai dû sacrifier
Sapristi!
Je l'ai cher payé le prix
Aujourd'hui de ma vie je suis épris
Sans anges ni démons
Dur comme fer, je pourfends c't'enfer
Et m'range pour de bon
Derrière ma propre opinion

J'suis un hors-la-loi de Dieu
À ses lois je dis adieu
Dans mes écrits
J'passe aux aveux toutes mes blessures je crie

J'suis un hors-la-loi de Dieu
À vos lois je dis adieu
Attention
Je vis je m'amène et que mon règne vienne

Amen!

ÉPILOGUE

25 septembre 2012

Quand j'étais petit, je ne m'imaginais pas à trente-sept ans m'asseoir la nuit devant mon ordinateur pour raconter mon histoire. Je me figure mal ma mère et mon père s'exclamer à ma naissance qu'ils voyaient en moi le biographe de notre drame. Même Jéhovah ne l'avait pas prévu.

J'avais enfoui ma véritable identité au creux de moi. Je n'avais nulle intention de me dévoiler à qui que ce soit avant de découvrir qui j'étais, avant d'être quelqu'un d'autre que celui qu'on m'a forcé à être. La peur du ridicule. Cette peur qui me hantait chaque fois que je cognais à une porte ou que je me retrouvais derrière le lutrin de la Salle du Royaume de la 32e Avenue.

À l'aube de mes quatorze ans, j'ai bel et bien opté pour un chemin différent de celui de ma mère. Mais les séquelles de mon enfance m'ont marqué jusqu'à ce que j'atteigne la mi-vingtaine. Oui, je ne prêchais plus la bonne nouvelle. Néanmoins, j'étais incapable de m'exprimer comme je l'aurais voulu. Il m'a fallu apprendre à vivre avec mon passé. Pas facile. Je me suis libéré de mes blessures. Une à une.

Je fais le décompte des années perdues. J'ai mal. Je crois que je ne pourrai jamais me débarrasser complètement de ce mal. C'est près de vingt ans qui défilent devant moi. Plus de la moitié de ma vie. Un alcoolique le demeure même s'il arrête de boire. Je resterai toujours un ex-Témoin-enrôlé-de-force. J'ai écrit pour me souvenir. J'ai écrit pour qu'il n'y ait jamais plus de Témoins-enrôlés-de-force ni d'enfants soldats de Jéhovah.

Mon écran de iMac s'est transformé en application miroir chaque nuit que j'ai passée à m'engendrer. Je me suis donné rendez-vous et je me suis rencontré. J'ai ri. J'ai souvent pleuré. J'ai bravé mes tempêtes. J'ai expulsé l'entièreté de ma souffrance une fois pour toutes. Et je me suis mis au monde.

AUJOURD'HUI, JE SUIS CE QUE
TU AS VOULU QUE JE SOIS.

Le culte
des Témoins de Jéhovah

De quelques descriptions, principes
divins, pratiques et règles internes

Salle du Royaume: Lieu du culte où se tiennent les réunions et événements spéciaux du groupe.

Excellent somnifère.

Frère et Sœur: Noms donnés aux personnes baptisées.

Je ne suis pas baptisé. Ma mère l'est.

Harmaguédon: La guerre du grand jour du retour de Dieu, qui marquera l'instauration de son nouveau système.

Comme dans le film de Michael Bay, il y a trop d'effets spéciaux.

Prédication: Le porte-à-porte.

Les Témoins sonnent à votre porte le samedi matin, mais après neuf heures, jamais à sept heures.

Proclamateur: Nom associé aux personnes qui prêchent de porte à porte, qu'elles soient baptisées ou non.

J'étais un proclamateur non baptisé.

Texte du jour: Lecture journalière qui comprend un texte biblique et une brève analyse.

Je ne le lisais jamais chez mon père, mais je le lisais toujours chez ma mère.

Réveillez-vous!: Périodique bimensuel remis lors de la prédication.

Sert d'appât pour attirer les plus jeunes et ceux qui s'intéressent à des sujets autres que bibliques. Les Témoins n'ont rien compris du titre : ils dorment tous.

Tour de Garde: Un des deux périodiques bimensuels remis lors de la prédication. C'est le plus sérieux des deux. Sujets et analyses bibliques approfondis. Sert d'étude lors de la réunion hebdomadaire du dimanche à la Salle du Royaume.

Ne vous abonnez pas.

Vivre éternellement: Nom abrégé donné au manuel intitulé *Vous pouvez vivre éternellement sur une terre qui deviendra un paradis*. Jusqu'en 1995, ce dernier était le choix numéro un pour les études bibliques à domicile. Depuis, l'ouvrage *La connaissance qui mène à la vie éternelle* lui a damé le pion.

Propagande: Tout est expliqué dans le chapitre 13.

Ce qui est fascinant dans cette religion, c'est que le lavage de cerveau se fait au cycle délicat. Les en-

seignements s'assimilent en douceur sans que personne proteste.

Cantique: Paroles chantées par les Témoins sur une musique enregistrée, lors des réunions à la Salle du Royaume et lors des assemblées de circonscription et de district.

N'atteindra jamais le sommet des palmarès musicaux.

Ancien: L'équivalent du prêtre d'une paroisse. Il dirige une congrégation.

Comme dans le cas du prêtre, ce n'est jamais une femme. Comme le prêtre, il n'est pas connecté à Dieu. Ne lui confessez rien.

Serviteur ministériel: Le bras droit d'un Ancien. Il effectue les tâches courantes. Aspire à devenir un Ancien.

Le plus carriériste des Témoins.

École théocratique: Segment de la réunion de la semaine à la Salle du Royaume auquel participent de simples proclamateurs, des enfants et des Sœurs. Une note est accordée après chaque prestation.

Aucun diplôme n'est remis à la fin.

Étude du Livre: Réunion hebdomadaire qui propose l'étude d'un ouvrage du mouvement.

La congrégation est divisée en sous-groupes qui se réunissent dans le domicile de quelques Frères et Sœurs de cette même congrégation.

L'étude du Livre a eu lieu dans notre salon pendant plusieurs années.

Laveur de vitres: Emploi populaire chez les Témoins. Pas d'études requises, pas d'horaire fixe.

Parfait pour prêcher la bonne parole ou la bonne nouvelle le plus souvent possible.

Pionnier auxiliaire: Ce proclamateur doit comptabiliser au minimum soixante heures de prédication par mois.

Il est probable que l'un d'entre eux ait déjà cogné à votre porte. Ma mère a déjà tenu ce rôle.

Pionnier permanent: Ce proclamateur doit comptabiliser au minimum soixante-dix heures de prédication par mois.

L'un d'entre eux a certainement déjà cogné à votre porte. Ma mère a déjà tenu ce rôle.

Boîte de contribution: Elle est installée dans la Salle du Royaume près du tableau des annonces. Les Témoins y déposent de l'argent pour payer les frais mensuels de subsistance. Personne n'est forcé d'offrir des dons.

Mais le serviteur ministériel rappelle chaque mois que la facture d'Hydro-Québec augmente.

Mémorial : Cérémonie annuelle qui commémore la mort et la résurrection de Jésus-Christ. On y passe un plateau de pain sans levain et un verre de vin afin de représenter le corps et le sang du Seigneur. Seuls les membres oints peuvent se servir.

Ce n'est en rien un privilège. J'y ai déjà goûté. Le pain est sec. Le vin provient du dépanneur.

Membre oint : L'élu goûteur du Mémorial. L'oint apprend qu'il en est un en recevant un message divin, et il est le seul à le savoir. Au total, il en existe 144 000. Après leur mort, ils régneront aux côtés de Jésus dans son nouveau royaume.

Même les films de David Lynch ne proposent rien d'aussi insolite.

La hiérarchie : Chez les Témoins, elle n'est pas basée sur l'importance du compte en banque, mais sur la profondeur de la foi en Jéhovah et ses enseignements divins.

Personne ne s'y oppose. Jamais. Chacun joue son rôle.

La femme Témoin : Elle a un statut inférieur à l'homme Témoin et elle n'a droit qu'aux seconds rôles. À la Salle du Royaume, elle n'est jamais nommée Ancien ou serviteur ministériel ; elle ne prononce jamais de discours seule derrière le lutrin, elle n'est jamais invitée à réciter une prière. La même règle s'exerce pour elle dans les assemblées.

Pourquoi ? Sans surprise, on vous répondra que c'est un principe biblique.

C'est une femme voilée sans voile. Les autres religions ne défendent pas non plus l'égalité entre les sexes ; elles proposent toutes à leur façon la domination masculine.

Dans sa famille, la femme Témoin n'a guère une place plus valorisante. Jamais elle ne tient les rênes du pouvoir. Tout le contraire. Un verset biblique mentionne : ... afin qu'elles puissent ramener les jeunes femmes à la raison, pour que celles-ci aiment leurs maris, aiment leurs enfants, soient saines d'esprit, pures, des femmes travaillant à la maison, des femmes qui soient bonnes, qui se soumettent à leurs propres maris, afin qu'on ne parle pas en mal de la parole de Dieu.

On croirait lire les lignes d'un livre d'économie familiale des années 1950.

Le droit de parole : Tout le monde a le droit de parole, mais chez les Témoins ce droit est contrôlé, car il y a absence de débat. Le micro est ouvert à qui veut bien répondre à une question de l'étude de *Tour de Garde* ou du ministère du Royaume.

Cependant, ces questions sont toujours orientées vers une réponse souhaitée d'avance, tirée d'un verset de la Bible ou d'un segment d'un ouvrage du mouvement.

L'horaire hebdomadaire : Très chargé. Beaucoup d'activités et d'événements de toutes sortes.

Les temps libres chez les Témoins n'existent pas. Celui ou celle qui travaille à temps plein a à peine le temps pour une sortie en famille. Le Témoin peut difficilement avoir une activité sans lien avec les préceptes des Témoins. Qu'arriverait-il s'il était sous l'influence de personnes de l'extérieur ou, pire, s'il avait le temps de réfléchir ? Mieux vaut ne pas le savoir. Aucun risque à prendre.

Le droit de vote en démocratie : Les Témoins renoncent au droit de vote. Pour eux, le seul gouvernement valable est celui de Jéhovah. Les gouvernements terrestres devraient diriger selon les lois de Dieu et non pas selon les lois des hommes.

Et pourtant, comme tout le monde, les Témoins bénéficient des diverses politiques et autres avantages sociaux offerts à toute la collectivité.

Les non-Témoins : Il est suggéré à tout Témoin digne de ce nom de fréquenter modérément sa famille, ses amis et ses collègues s'ils ne partagent pas ses valeurs religieuses. Ces échanges doivent demeurer dans les normes de la civilité, rien de plus.

N'est-ce pas étonnant de la part d'humains censés être remplis d'amour envers leurs prochains ? C'est là une grande démonstration d'ouverture d'esprit.

Un Témoin qui reçoit une invitation à un mariage ou à une cérémonie funèbre ne peut physiquement entrer dans une église, qu'elle soit catholique, musulmane, juive ou autre ; ce lieu de culte lui est strictement défendu.

Les gais et les lesbiennes : Impossible pour eux de croire en Jéhovah. Si elle veut devenir Témoin, cette personne devra changer d'orientation sexuelle.

C'est indiscutable, comme Lévitique 20, verset 13 le mentionne : Lorsqu'un homme couche avec un mâle comme on couche avec une femme, tous deux ont fait une chose détestable. Ils doivent absolument être mis à mort. Leur sang est sur eux.

Pas un mot de plus. La Bible a tout dit. Est-ce cela l'ouverture sur le monde, l'acceptation des différences, l'absence de jugement ?

Pour occuper une place de choix chez les Témoins de Jéhovah, il faut naître homme et ne pas avoir de penchant pour les autres personnes du même sexe.

Un exclu: Ce terme désigne un Témoin qui a transgressé les règles, par exemple quelqu'un qui commettrait la fornication ou l'adultère ou qui aurait simplement consommé une cigarette sans éprouver de repentance. L'exclu qui revient à la Salle du Royaume doit s'asseoir en retrait, voire dans la dernière rangée. Seul un Ancien peut lui parler. Les autres doivent l'éviter.

Pourquoi ne pas lui accrocher un brassard rouge autour du bras pour bien l'identifier?

Transfusion sanguine: Gravement blessé ou aux soins intensifs à l'hôpital, un Témoin est dans l'obligation de refuser toute transfusion sanguine. Peu importe la mort, car il retrouvera ses Frères au paradis. Les Témoins doivent toujours avoir sur eux la carte officielle du mouvement qui mentionne ce refus de transfusion sanguine.

Ce qui signifie qu'un parent doit être prêt à laisser mourir son enfant si celui-ci a besoin de sang pour survivre.

La lecture m'est vitale.

Quand j'étais un enfant, elle me tuait.

La lecture fait travailler ma matière grise.

Quand j'étais un enfant, elle s'emparait d'elle pour m'empêcher de l'utiliser.

La lecture me fait grandir.

Quand j'étais un enfant, elle me faisait vieillir.

La lecture m'expose la réalité du monde.

Quand j'étais un enfant, elle me faisait croire au paradis, à l'enfer et à un Dieu vengeur. Je n'aimais pas lire.

J'ai compilé vingt versets qui ont hanté ma vie trop longtemps.

Jean 20,29
Heureux ceux qui ne voient pas
et pourtant croient.

Jean 17,17
Ta parole est vérité.

Révélation 21,4
Et il essuiera toute larme de leurs yeux, et la mort
ne sera plus; ni deuil, ni cri, ni douleur ne seront
plus. Les choses anciennes ont disparu.

Proverbes 14,2
Celui qui marche dans sa droiture craint
Jéhovah, mais celui qui est tortueux
dans ses voies le méprise.

Psaumes 150,6
Que tout ce qui respire loue Yah! Louez Yah!

Luc 10,17
Seigneur, même les démons nous sont soumis
quand nous nous servons de ton nom.

Michée 4,5

Tous les peuples, eux, marcheront chacun au nom de leur dieu, mais nous, nous marcherons au nom de Jéhovah notre Dieu pour des temps indéfinis, oui pour toujours.

Psaumes 83,18

Pour qu'on sache que toi, dont le nom est Jéhovah, tu es, toi seul, le Très-Haut sur toute la terre!

Proverbes 15,3

Les yeux de Jéhovah sont en tout lieu, surveillant les mauvais et les bons.

1 Corinthiens 15,33

Ne vous égarez pas. Les mauvaises compagnies ruinent les habitudes utiles.

Romain 6,23

Car le salaire que paie le péché, c'est la mort, mais le don que Dieu donne, c'est la vie éternelle par Christ Jésus notre Seigneur.

Proverbes 1,7

La crainte de Jéhovah est le commencement de la connaissance. Sagesse et discipline, voilà ce qu'ont méprisé les fous.

Isaïe 14,22

Oui, je me lèverai contre eux, c'est là ce que déclare Jéhovah des armées…

Révélation 12,12

Malheur à la terre et à la mer, parce que
le Diable est descendu vers vous, ayant
une grande fureur, sachant qu'il n'a
qu'une courte période.

Jude 1,21

Gardez-vous dans l'amour de Dieu, tandis que
vous attendez la miséricorde de notre Seigneur
Jésus-Christ pour la vie éternelle.

Révélation 1,1

Et le cinquième ange a sonné de la trompette.
Et j'ai vu une étoile qui était tombée du ciel sur la
terre, et on lui a donné la clé du puits de l'abîme.

Révélation 7,4

Et j'ai entendu le nombre de ceux qui ont été
scellés : cent quarante-quatre mille, scellés de
toutes les tribus des fils d'Israël.

Jacques 4,4

Ne savez-vous pas que l'amitié pour
le monde est inimitié contre Dieu ?
Celui donc qui veut être ami du monde
se constitue ennemi de Dieu.

Matthieu 24,36

Quant à ce jour-là et à cette heure-là, personne
ne les connaît, ni les anges des cieux ni le Fils,
mais seulement le Père.

Matthieu 24,17

Car nation se lèvera contre nation et royaume contre royaume, et il y aura des disettes et des tremblements de terre dans un lieu après l'autre.

Remerciements

Merci à Julie Snyder, qui, depuis deux ans, me répète sans cesse d'écrire ce livre. Toutes les nuits où je lui ai envoyé un nouveau chapitre, elle le lisait. Ses conseils, son regard, son énergie et ses encouragements m'ont été des plus précieux et des plus stimulants. Julie, tu es une source d'inspiration.

Merci à mon fils Théo, qui, sans le savoir, m'a donné la force de plonger dans mes blessures du passé. Je me battrai toujours pour toi, mon ti-loup.

Merci à Batlam, qui m'a dit un jour de creuser jusqu'au plus profond de mes troubles. Ce grand et talentueux artiste avait raison.

Merci à Anissa Mazani pour son oreille, sa compréhension et son soutien depuis le tout début de cette formidable aventure.

Merci à Sylvie Lozeau et à Pierre Lemaire, qui m'appuient dans tout ce que j'entreprends. Sans vous, je serais ce que je ne veux être.

Merci à mes amis, mes premiers lecteurs: Jarrod Gosselin, Émilie Racicot, Vincent Duchaine, Mélissa Duval, Jean-François Bégin, Christine Genest, Kris Garcia, Véronique Turcotte, Marc-Olivier Dubois, Marie-Pier Dubois, Yves Dubois, Johanne Dubois, France Mercille, Raymond Paquet, Henry Godding, Sylvain Lachapelle, Patricia Ledoux, Anne Friolet et Mélina Chagnon-Friolet.

Merci à Sylvie Ledoux, ma psy, de me montrer qui je suis. Son grand cœur m'est vital.

Merci à Martin Balthazar pour sa confiance, son ouverture et son imagination. Il est maintenant un complice et un ami.

Merci à Monique H. Messier pour son écoute sans fin, son intelligence et sa passion. Impossible d'avoir un meilleur guide qu'elle pour écrire.

Merci à Myriam Comtois et à toute l'équipe de VLB de me considérer comme l'un des leurs.

Merci à Lucie Delemer pour son calme et sa douceur. Ses explications et son jugement sont justes et m'ont permis d'élever mon écriture d'un cran.

Merci à Sébastien Gaudette pour ses ébullitions créatives. Je suis fier que la couverture de mon livre soit réalisée par ce génie de l'image.

Merci à Mügluck, la talentueuse graphiste, pour son travail impeccable sur la maquette de couverture.

Merci à David Clerson pour sa connaissance de la langue française et de toutes ses subtilités. Ce gars-là est une grammaire vivante !

Merci à Mathieu Rivard pour son regard aiguisé et artistique. L'instant d'une session de photo je me suis senti comme un mannequin international, ce que je ne suis vraiment pas.

Merci à Pierre Karl Péladeau pour sa générosité et son dévouement envers la culture québécoise.

Respect à vous tous.

Table des matières

Cet ouvrage composé en Reminga corps 11 a été achevé d'imprimer au Québec
sur les presses de Marquis Imprimeur le dix septembre deux mille treize
pour le compte de VLB éditeur.